KITA-QUALITÄT – PRAKTISCH GESTALTEN

TRANSPARENTE KOMMUNIKATION in der ELTERNARBEIT

Von Aushang bis Wochenrückblick

Mit Best-Practice-Beispiel

Rebekka Behrendt

Verlag an der Ruhr

Impressum

Titel
Kita-Qualität praktisch gestalten
Transparente Kommunikation in der Elternarbeit
Von Aushang bis Wochenrückblick

Autorin
Rebekka Behrendt

Umschlagmotive
vorn: Herz-Logo © Gembuls – Shutterstock.com; alle Illustrationen (außer dem Marienkäfer): Anja Boretzki; Marienkäfer: Rebekka Behrendt; abfotografiertes Poster: Sabine Gottschalk: Mach's wie Kobold Firlefanz, 2021 © Verlag an der Ruhr
hinten: Herz-Logo © Gembuls, Hände © Andrey_Popov – beide Shutterstock.com

Illustrationen
Herz-Logo © Gembuls – Shutterstock.com; alle Icons © Verlag an der Ruhr

Fotos
© Rebekka Behrendt, falls nicht anders angegeben

Lektorat
Juliane Baumann, Berlin

Druck
AZ Druck und Datentechnik GmbH, Kempten, DE

Verlag an der Ruhr
Mülheim an der Ruhr
www.verlagruhr.de

Geeignet für Erzieher*innen, Kita-Leitungen und pädagogische Fachkräfte

ISBN 978-3-8346-6043-5

Inhaltsverzeichnis

Vorwort und Hinweise zur Handhabung des Buches

Liebe Leser*innen[1],

haben Sie auch schon festgestellt, dass der Wunsch vieler Eltern nach **Informationen** aus der Kita immer größer wird?
Wir leben im Informationszeitalter. Für uns ist es mittlerweile selbstverständlich, dass uns Informationen immer und überall tagesaktuell zur Verfügung stehen. Auf (fast) jede Frage finden wir in **Sekundenschnelle** eine Antwort – zumindest denken wir das. Das Internet lässt grüßen.

Hinzu kommt, dass das Kind und die Zeit der Kindheit mehr in den **Fokus** der Gesellschaft getreten ist; z. B. zeigt die Einführung der Kinderrechte (vgl. Deutsches Kinderhilfswerk e. V. 2022) unter anderem, dass **Kindheit eine eigenständige Lebensphase** ist, die besonderes beachtenswert ist. Das ist nicht zuletzt auch ein Erfolg der Kindheits- und der Gehirnforschung (vgl. Niedersächsisches Institut für frühkindliche Bildung und Entwicklung e. V. 2014), die uns Aufschluss über die Entwicklung und das Lernen von Kindern geben. Deren Ergebnisse finden immer häufiger Einzug in unseren Alltag und werden besonders auch von Eltern interessiert aufgenommen.

Ebenfalls typisch für unsere Zeit ist es, dass Kinder **öfter und länger betreut** werden. Dadurch bekommen Eltern mitunter weniger aus dem Erleben ihres Kindes mit.
Viele Kinder können oder wollen nicht erzählen, was sie erleben und was in der Kita los ist, sodass die Eltern auf andere **Informationsquellen** angewiesen sind, um etwas aus dem Kita-Alltag ihrer Kinder zu erfahren.

Es ist also nicht verwunderlich, dass Eltern heutzutage mehr oder ausführlichere **Berichte** über ihre Kinder aus der Kita einfordern als manche pädagogischen Fachkräfte das aus früheren Jahren gewohnt waren.
Ich weiß, Ihre **Zeit ist kostbar** und wird von vielen unterschiedlichen Anforderungen in Anspruch genommen. Sie möchten sich nicht noch mehr aufbürden.
Deshalb ist dieses **Buch so aufgebaut**, dass Sie nicht viel mehr Zeit investieren müssen, sondern einfach von dem profitieren, was Sie bereits haben.

Das Buch besteht aus **drei Hauptkapiteln**.

- ➔ Im **ersten Kapitel** erhalten Sie Hintergrundwissen zu den Vorteilen und Grenzen von Transparenz in der Elternarbeit.
- ➔ Das **zweite Kapitel** zeigt, wie Sie aktiv Ihre pädagogische Arbeit im Bereich Transparenz optimieren können und sich somit dauerhaft Zeit sparen.
- ➔ Im **dritten Kapitel** stehen die Möglichkeiten und die schematische Gestaltung des Wochenrückblicks als Beispiel für gelungene Transparenz in der Kita im Mittelpunkt.

In allen drei Kapiteln finden Sie neben theoretischen Informationen auch **praktische Beispiele sowie Tipps und Ideen** zur Umsetzung der genannten Vorschläge. Die Anregungen sind in Form von **Arbeitsblättern und Kopiervorlagen** übersichtlich für Sie selbst und auch zur Weitergabe an die Kolleg*innen in Ihrer Einrichtung zusammengefasst.

Der **transparente Einblick** in Ihre Arbeit gibt den Eltern ein gutes und sicheres Gefühl, sodass sie Ihnen gegenüber offener sind und Ihnen vertrauensvoller gegenübertreten. Sie werden das vor allem in der regelmäßigen **Kommunikation** mit den Eltern bemerken.
Machen Sie sich die **Vorteile** eines transparenten Umgangs mit den Eltern zunutze. Vieles, was zuvor für Sie in der Kommunikation vielleicht anstrengend auf Sie gewirkt hat, lässt sich durch Transparenz verbessern und verschafft Ihnen **Zeit und Energie** für andere relevante Aufgaben bei Ihrer Arbeit.

Ich wünsche Ihnen viel Erfolg bei der Umsetzung und Weiterentwicklung der transparenten Kommunikation in der Elternarbeit und dass die Inhalte in diesem Buch Sie dabei bestmöglich unterstützen und Ihnen Orientierung geben.

R. Behrendt

[1] Der Verlag an der Ruhr legt großen Wert auf eine geschlechtergerechte und inklusive Sprache. Daher nutzen wir bevorzugt das Gendersternchen, um sowohl männliche und weibliche als auch nichtbinäre Geschlechtsidentitäten einzuschließen. Alternativ verwenden wir neutrale Formulierungen.

EINFÜHRUNG in das Thema TRANSPARENZ

© Pixel-Shot - Shutterstock.com

„Ein bisschen mehr ...

sehen,
erfahren,
wissen,
mitbekommen,
teilhaben,
entdecken,
lesen,
erzählt bekommen,

... nur ein bisschen mehr Einblick in den
Kita-Alltag und das, was mein Kind dort jeden Tag erlebt,
das wünsche ich mir!“

(Aussage einer Mutter mit drei Kita-Kindern)

Vorteile von Transparenz

Was bedeutet der Begriff „Transparenz"?

„Transparenz" ist ein Begriff, der immer wieder im pädagogischen Kontext und vor allem in der Erziehungspartnerschaft mit den Eltern und von den Eltern gefordert wird. Aber was ist genau damit gemeint?

> Der Begriff „Transparenz" leitet sich vom lateinischen Wort „transparens" ab und bedeutet so viel wie: **durchscheinend, durchsichtig.**

Besonders vom Laternenbasteln ist Ihnen wahrscheinlich auch das „Transparentpapier" bekannt. Es wird gern genutzt, da das Licht dort gut hindurchscheint und die Laternen so zum Leuchten bringt.

Transparenz wird in verschiedenen Bereichen angestrebt und immer wichtiger, z. B. in der:

- ➔ Finanzwelt,
- ➔ Industrie,
- ➔ Medienlandschaft und
- ➔ Politik.

Im Allgemeinen ist das **Ziel, die eigene Institution zu präsentieren und die Arbeit vorzustellen.**
Aber es geht auch darum, nachvollziehbar zu machen, woher Produkte kommen, wie sie hergestellt werden, was mit Geldern geschieht oder wozu Daten gespeichert werden. **Damit wird das Vertrauen in das Unternehmen und dessen Produkte gestärkt.**

Dabei ist den Menschen, an die sich die Transparenz von Unternehmen richtet, meist wichtig:

- ➔ **Informationen zu bekommen** (z. B. über Herstellungsprozesse oder die Herkunft von Lebensmitteln und Materialien),
- ➔ **eine Grundlage für Entscheidungen zu haben** (z. B. welche*n Politiker*in man wählt oder in welche Finanzprodukte man investiert),
- ➔ **sich und andere zu schützen** (z. B. indem man Daten zurückhält),
- ➔ **einen Umstand zu verbessern, zu erleichtern oder zu beschleunigen** (z. B. sicher sein, dass eine Kakaobäuerin bzw. ein Kakaobauer seinen*ihren Lohn bekommt und die Verpackung umweltfreundlich ist).

Transparenz:

- ➔ **stärkt die Mitbestimmung** (z. B.: aufgrund der vorliegenden Informationen entscheiden, was oder wo man kauft und damit den Markt mitbestimmen)
- ➔ **ermöglicht es Missstände aufzuzeigen** (z. B.: Gelder, die veruntreut werden)
- ➔ **appelliert an die Eigenverantwortung** (z. B.: verantwortungsvoll mit Fotos umgehen)

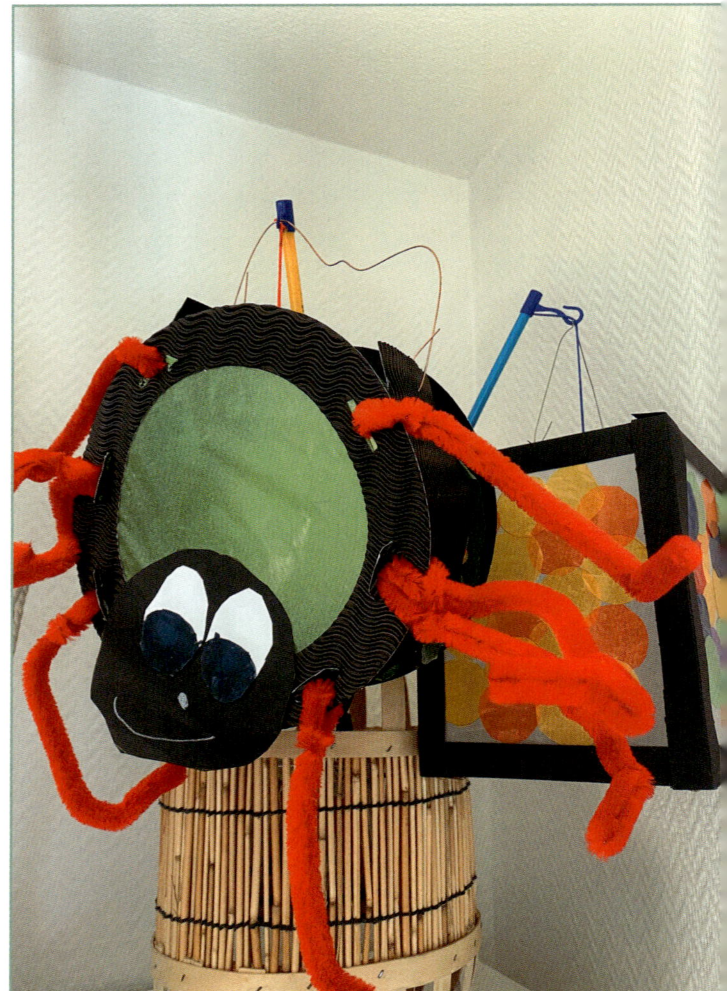

Vorteile von Transparenz

Was bedeutet Transparenz in der Arbeit mit Eltern?

Ein wichtiges **Qualitätsmerkmal** in der Kita-Arbeit ist die Meinung der Eltern.
Eltern reagieren jedoch oft aus ihrem Bauchgefühl heraus und auch Sympathie oder Antipathie haben Einfluss auf ihre Meinung, die sie pädagogischen Fachkräften gegenüber äußern.
Vielen Eltern fehlt das methodische Know-how. Sie sind zwar die Expert*innen für ihr eigenes Kind, aber in der Kita haben Sie als pädagogische Fachkraft täglich mit einer Gruppe von Kindern zu tun und wissen genau, wie Sie ihnen sicher gegenübertreten.

Allen Erwartungen der Eltern gerecht zu werden und gleichzeitig die eigene pädagogische Konzeption sowie die strukturellen Gegebenheiten im Blick zu behalten, ist ein Spagat, dem Leitungen und Fachkräfte oft gegenüberstehen.
An dieser Stelle nimmt Transparenz eine wichtige Funktion ein.
Eben dass Eltern oft nicht wissen, wie der Kita-Alltag aussieht und welche Herausforderungen Sie als Erzieher*in zu meistern haben, macht es nötig, dass Sie Ihre Arbeit so transparent wie möglich machen.
Das kann zum einen sein, den Eltern zu zeigen, wie Pädagogik in der Kita aussieht, und zum anderen, den Eltern konkrete Ansätze zu geben, bei denen sie ihr **konstruktives Feedback** einbringen können.

Das folgende Fallbeispiel verdeutlicht Ihnen anhand des Speiseplans, der in der Kita aushängt, den Zusammenhang:

Beispiel: Speiseplan

Vielen Eltern ist es wichtig, den Speiseplan der Einrichtung zu kennen. Der Speiseplan ist eine Information, auf deren Grundlage Entscheidungen getroffen werden können, um sich und andere zu schützen oder einen Umstand zu verbessern, zu erleichtern oder zu beschleunigen.

Die Informationen, die Eltern sich aus dem Speiseplan ziehen, können vielfältig sein, denn Eltern erfahren, was die Kinder in der Einrichtung essen. Das hilft ihnen, Entscheidungen zu treffen, z. B.: Wenn es eine Mahlzeit gibt, die das Kind nicht mag, wird es nach der Kita wahrscheinlich Hunger haben. Das bedeutet, die Eltern stellen sich darauf ein, dass sie beispielsweise einen Snack mitbringen.

Auch kann die Familie ihren eigenen Speiseplan darauf abstimmen. Wenn es in der Kita z. B. Pfannkuchen gab, dann gibt es in dieser Woche zu Hause keine Pfannkuchen. Damit versorgen Eltern ihr Kind optimal und schützen es. Ebenso können sie Ideen für zu Hause bekommen, indem sie dort kochen, was die Kinder in der Einrichtung gern essen. So wird die Mitbestimmung und Eigenverantwortung der Kinder gestärkt.
Außerdem geben Sie den Eltern die Möglichkeit, Missstände aufzuzeigen, weil es z. B. zu oft süßen Nachtisch gibt, wodurch ein Umstand verbessert werden kann.

Speiseplan

Montag	Dienstag	Mittwoch	Donnerstag	Freitag
Nudeln mit Tomatensoße und Rohkost	Kartoffelsuppe mit Würstchen und Quark mit Obst	Pfannkuchen mit selbst gemachtem Apfelmus und Rohkost	Eierreis und Rohkost	Lachs und Kartoffelgratin

Illustrationen: Anja Boretzki

Vorteile von Transparenz

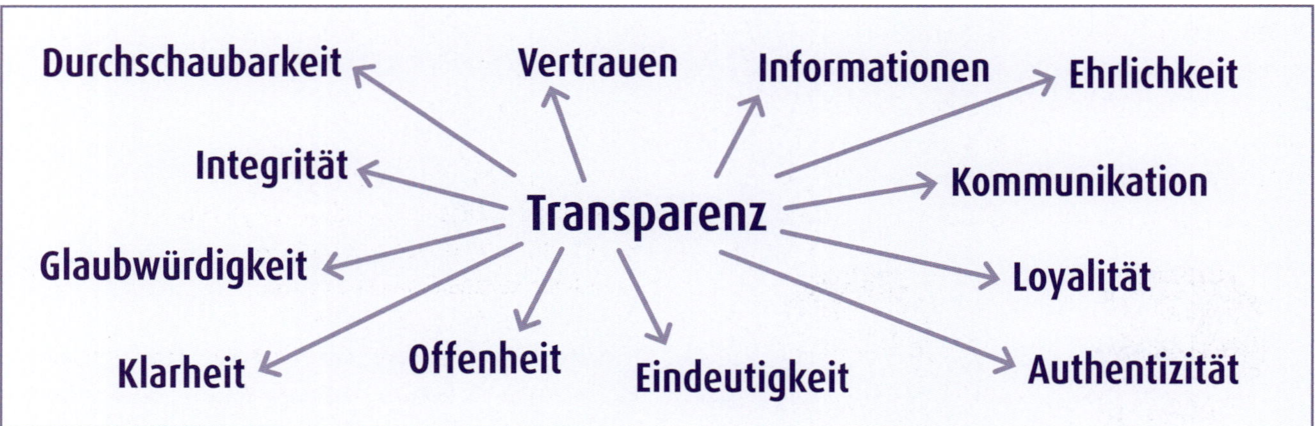

Bedeutung von Transparenz

Sie wünschen sich eine bessere Qualität der Erziehungspartnerschaft, eine **Kommunikation auf Augenhöhe** zugunsten des Kindes?
Dann arbeiten Sie aktiv an Ihrem transparenten Verhalten. Verbessern Sie dieses und gewinnen Sie so das Vertrauen der Eltern. Eltern können Ihre Arbeit eher wertschätzen, wenn sie wissen, was Sie tun. Also machen Sie Ihre Arbeit transparent!

1. **Zeigen Sie, was Sie tun.**
2. **Erzählen Sie, warum Sie tun, was Sie tun.**
3. **Und vor allem berichten Sie davon, was die Kinder tun und warum sie tun, was sie tun.**

Den Eltern auf Augenhöhe zu begegnen, bedeutet, dass Sie und die Eltern **beide gleichwertig** sind.
In Ihrer Funktion für das Kind (Eltern als Eltern und Sie als Fachkraft, als pädagogischer Experte oder pädagogische Expertin für den Kita-Alltag) sind Sie beide jeweils wichtig und nicht ersetzbar. Es macht einen Unterschied, ob man Elternteil oder Erzieher*in ist. Das sind zwei komplett verschiedene Aufgaben. Sie sind jeweils emotional ganz anders involviert. Aber als Mensch sind sie gleichwertig. Egal ob sie Fehler machen, das Vorgehen des*der anderen für gut erachten oder eine andere Persönlichkeit haben.

Begegnen Sie den Eltern **wohlwollend**. Machen Sie, wenn nötig, klar, wo Ihre Grenzen sind. Sie müssen sich nicht alles gefallen lassen. Besonders in Bezug auf Ihr Privatleben und Ihre Person müssen Sie sich selbst schützen. Machen Sie deutlich, dass Sie eine Kindergruppe betreuen und Sie eine pädagogische Verantwortung haben. Gehen Sie bei Unstimmigkeiten mit den betreffenden Eltern ins **Gespräch**.
Seien Sie dabei **respektvoll und achtsam**. Als pädagogische Fachkraft ist es Ihre Aufgabe, ein Vorbild zu sein. Denn was Sie vorleben, bekommen Sie zurück.

Transparenz und Kommunikation

Transparenz wird oft missverstanden als ein innerer Wert des Menschen, so wie Liebe oder Sicherheit. Dabei ist Transparenz eher ein Instrument oder **eine Methode, die Sie bewusst anwenden und benutzen können**.
Denken Sie einmal an gängige Marken und was diese transportieren. Durch Farben, die Gestaltung, Schriftarten, Wörter und Symbole wird oft schon eine Botschaft transportiert. Firmen verwenden viel Geld darauf, damit die richtige Botschaft bei potenziellen Käufer*innen ankommt.

Auch als pädagogische Fachkraft und als gesamte Kita vermitteln Sie nach außen hin eine Botschaft. Sie zeigen immer etwas von sich und dem, was Sie tun. Die Eltern beobachten Sie und schließen daraus auf Ihre Arbeit. So wie Sie etwas kommunizieren, so transportieren Sie auch Informationen nach außen. Sie können also häufig nicht nicht transparent sein. Allerdings gibt es auch bestimmte Informationen, die Sie den Eltern nicht unmittelbar kommunizieren können oder möchten, wodurch Sie intransparent agieren.

Indem Sie sich bewusst mit dem Instrument der Transparenz auseinandersetzen, gestalten Sie Ihr Außenbild aktiv. Seien Sie sich bewusst, dass Sie eine **Außenwirkung** haben. Wenn Sie sich darüber im Klaren sind, können Sie diese Außenwirkung auch so nutzen, dass Sie die Wirkung erzielen, die erzielt werden soll. Wenn Sie diese Außenwirkung nicht bestimmen und klar kommunizieren, dann übernehmen andere das für Sie (in den meisten Fällen die Eltern). Sie bekommen eventuell einen Stempel, den Sie nicht wollen.
Wie in der Kommunikation gibt es bei der Transparenz auch eine Sender- und eine Empfängerseite.

Vorteile von Transparenz

Der Sender ist im Wirtschaftsbereich in erster Linie das Unternehmen und der Empfänger der Kunde bzw. die Kundin. Aber diese Beziehung lässt sich auch umdrehen. Denn Kund*innen geben dem Sender Rückmeldung, indem sie bestimmte Güter mehr oder weniger kaufen oder aber positiv oder negativ bewerten.

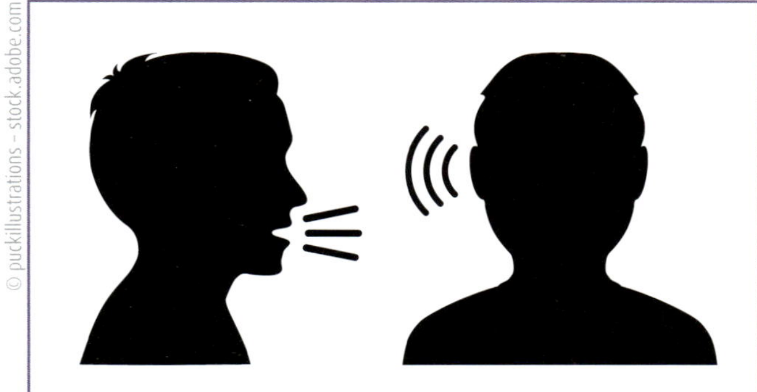

Sender und Empfänger

Für die Kita bedeutet das: Das Kita-Personal ist der Sender, der die Botschaft sendet, und die Eltern sind der Empfänger, der die Botschaft erhält. Überlegen Sie sich deshalb gut, welche **Botschaften** Sie senden und transportieren wollen.
Aber diese Beziehung lässt sich ebenfalls umdrehen. Denn auch Eltern können Sender von Informationen sein, die Sie dann empfangen und interpretieren.

Als pädagogische Fachkraft empfangen Sie Botschaften von den Eltern. In dieser Funktion des Empfängers gehört es zu einer professionellen Haltung, dass Sie in Ihren Interpretationen nicht stecken bleiben. Denn **Interpretationen sind immer subjektiv** und es kann durchaus sein, dass die Vermutungen und Deutungen falsch sind. Deshalb erfragen Sie bei den Eltern, ob Ihre Interpretation richtig ist. Das können Sie durch aktives Zuhören machen. Ein kleines Beispiel soll dies hier verdeutlichen.

Beispiel: Nachfragen

Fassen Sie Ihre Interpretation in Worte und fragen Sie z. B. wie folgt nach: „Ich habe den Eindruck, dass Sie sich sorgen, dass Mia sich in der Kita nicht wohlfühlt. Stimmt das?"

Weitere **Kommunikationstipps**, um Vertrauen aufzubauen, Interpretationen zu hinterfragen und Transparenz zu fördern, sind:

- ➔ Interesse an den Eltern zeigen (Smalltalk)
- ➔ sie aktiv begrüßen und verabschieden
- ➔ aktiv zuhören
- ➔ während des Redens lächeln
- ➔ sich Zeit für Gespräche nehmen
- ➔ Äußerungen vorurteilsfrei begegnen
- ➔ Sorgen und Ängsten empathisch begegnen
- ➔ sich über Erfolgserlebnisse mitfreuen
- ➔ sich um Kommunikation bemühen
- ➔ Missverständnisse vermeiden
- ➔ nicht über die Eltern reden (sondern bei ihnen nachfragen, wie etwas gemeint war)
- ➔ mit Kolleg*innen Gespräche reflektieren

Transparenz ist ein fortlaufender Prozess

Transparenz ist nie fertig oder beendet. Man kann einen Zustand der Transparenz nicht endgültig erreichen, sondern sie ist einem dynamischen Prozess unterworfen. Das heißt, **man muss Transparenz immer wieder aufs Neue herstellen**.
Bringen Sie die Bereitschaft mit, die eigene Arbeit offenzulegen, zu hinterfragen und gegebenenfalls zu korrigieren. Somit ist Transparenz auch eine Haltung.

Sie können **lernen, fortwährend transparent zu sein**:

- ➔ Gewähren Sie regelmäßig Einblick.
- ➔ Stellen Sie Informationen auf verschiedenen Wegen bereit (z. B. E-Mail oder Aushang).
- ➔ Erkundigen Sie sich, worüber Eltern gern mehr erfahren würden.
- ➔ Stellen Sie Informationen unterschiedlich bereit (präsentieren Sie ein Projekt im Flur oder erzählen Sie Eltern beim Abholen davon).
- ➔ Seien Sie kreativ in der Darstellung und Vermittlung.
- ➔ Trauen Sie sich, sich zu wiederholen.

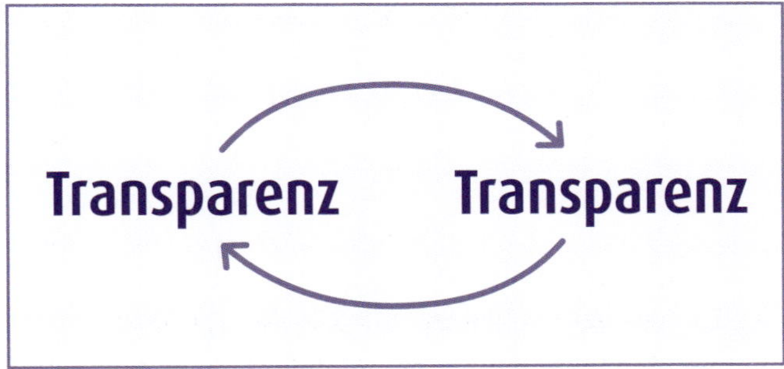

Transparenzkreislauf

Vorteile von Transparenz

Es gibt **Informationen**, die im Laufe eines Jahres immer wiederkehren, und Informationen, die neu sind. Darum kann das, was Sie transparent machen, und auch die Art, wie Sie es transparent machen, immer wieder verändert werden. Dementsprechend müssen Sie sich anpassen.
Auch der **Bedarf der Eltern** kann sich ändern und damit auch die Form der Transparenz. Deshalb reicht es nicht, wenn Sie eine Information, einen Bericht oder eine Präsentation einmal zeigen.

Sie dürfen sich **wiederholen** und immer mal wieder neue Aspekte eines Themas präsentieren oder unterschiedliche Wege nutzen, um diese zu vermitteln. Haben Sie keine Angst davor, dass Sie die Eltern nerven. Manchmal bekommen sie Informationen erst beim dritten oder vierten Mal mit (oder sogar noch später). Heutzutage sind wir überschüttet mit Informationen: Das E-Mail-Postfach ist voll, ständig leuchtet eine neue Nachricht auf dem Handy auf, überall gibt es Informationen und Hinweise. Manchmal müssen Sie sich die **Aufmerksamkeit** der Eltern einholen.

Tipp

Sie bekommen die Aufmerksamkeit der Eltern leichter und schneller, wenn etwas wichtig für ihr Kind ist. Deshalb beziehen Sie die Kinder mit ein:

- Lassen Sie die Kinder selbst ihre Projekte (mit Ihrer Unterstützung) präsentieren.
- Geben Sie dem Kind einen wichtigen Brief in die Hand, sodass es den Brief übergibt.
- Lassen Sie das Kind einfache Aufgaben (wie z. B.: „Ich brauche neue Wechselwäsche") selbst auf einen Zettel malen und den Eltern weitergeben.

Kinder lieben es, wenn sie Aufgaben bekommen und mit Verantwortung übernehmen können. Dies sollte natürlich dem Alter entsprechend und auf das Kind abgestimmt sein. Außerdem sollten Sie eine Verweigerung seitens des Kindes akzeptieren.

Vertrauen + Reflexion = Steigerung der Qualität

Qualitätssteigerung als Ergebnis

Mehr Kita-Qualität durch Transparenz

Vielleicht denken Sie, dass die Eltern den meisten Nutzen davon haben, wenn Sie transparent sind. Transparenz hat aber vor allem einen enormen Vorteil:

→ **Außerhalb** der Kita schafft Transparenz **Vertrauen**.
→ **Innerhalb** der Kita ermöglicht Transparenz **Reflexion**.

Diese Kombination ist unschlagbar, denn sie **steigert automatisch die Qualität** Ihrer pädagogischen Arbeit.

Außerhalb der Kita

Alles, was ein*e Außenstehende*r wahrnehmen kann, gehört mit zu Ihrer **Außenwirkung**. Das beginnt schon bei einem Aushang und geht weiter mit dem Internetauftritt, der Zusammenarbeit mit anderen Institutionen, der Pressearbeit, den interessierten Eltern (die vielleicht in Zukunft ihr Kind in die Einrichtung bringen), den unmittelbaren Nachbar*innen der Kita, den Schulen in der Umgebung, den potenziellen/zukünftigen/ehemaligen Mitarbeiter*innen der Kita ...

Was man über die Einrichtung in Erfahrung bringen kann, ohne diese zu besuchen oder tiefer involviert zu sein, verschafft einen **ersten Eindruck**. Dadurch erhält man schon Informationen und Anhaltspunkte darüber, wie Sie arbeiten und wie der Kita-Alltag in der Einrichtung gestaltet ist.
Deshalb ist es gut, wenn Sie sich **bewusst sind, dass Informationen nach außen dringen** und diese ein individuelles Bild projizieren. Sie haben einen **Einfluss** darauf, wie jemand Ihr Handeln, Auftreten, Arbeiten, Tun und Darstellen interpretiert:

→ Sie können sich reflektieren.
→ Sie können Fehler beim nächsten Mal korrigieren.
→ Sie können die positiven Dinge wiederholen.
→ Sie können Missverständnisse klären.
→ Sie können sich bewusst machen, dass Sie immer Möglichkeiten haben, nach außen transparent zu sein.
→ Sie können erklären, informieren und zeigen.

Mit Transparenz fördern Sie, dass Menschen, die außerhalb der Kita sind, sich **ein echtes Bild von Ihrer Arbeit** aneignen. Anders ausgedrückt: Je mehr Information man hat, desto klarer ist das Bild und desto weniger Spielraum gibt es für Interpretation.

Vorteile von Transparenz

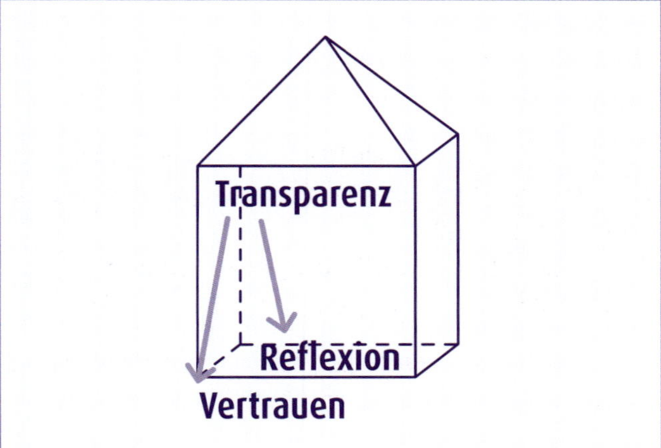

Haus der Transparenz

Innerhalb der Einrichtung

In dem Moment, in dem Sie etwas transparent machen, müssen Sie sich überlegen: wie, was und wo?
Sie **beginnen, sich Gedanken zu machen**. Da beginnt bereits Reflexion. Sie fragen sich vielleicht:

- ➜ Was ist gut?
- ➜ Was will ich zeigen?
- ➜ Was will ich transportieren?
- ➜ Was kann ich berichten?
- ➜ Wie kann ich es präsentieren?

Durch die Präsentation ermöglichen Sie auch Feedback. Jemand, der das, was Sie zeigen, sieht, liest oder hört, kann darauf reagieren und Ihnen eine **Rückmeldung** geben.
Die Qualität Ihrer Arbeit zeichnet sich unter anderem dadurch aus, ob Sie sich regelmäßig reflektieren.
Reflexion bedeutet, im Nachhinein eine Situation, einen Moment oder eine Sache zu betrachten und zu bearbeiten, um **Erkenntnisse für die Zukunft zu gewinnen**. Denn was geschehen ist, ist geschehen. Die Zukunft aber kann noch beeinflusst und gestaltet werden.

Nutzen Sie deshalb Ihre Lernerfahrungen aus der Vergangenheit sinnvoll für Ihre Zukunft.
Die Reflexion kann geschehen:

- ➜ persönlich,
- ➜ eins zu eins,
- ➜ in kleinen Teams,
- ➜ im gesamten Team.

Durch die Reflexion erhalten Sie auch Ideen für Ereignisse, die Sie wiederum transparent machen können, wie das folgende Beispiel zeigt.

Beispiel: Reflexion

Erzieherin Ayla gestaltet mit den Kindern ein Projekt zum Thema „Mülltrennung". Als sie das fertig gestaltete Plakat im Flur aufhängt *(Transparenz)*, fallen ihr die leeren Pappkartons auf. Sie überlegt, diese gemeinsam mit den Kindern zum Altpapiercontainer zu bringen, da es zum Projekt passt. Mit zwei Vorschulkindern erledigt sie das, dabei sieht sie, wie begeistert die Kinder mitmachen. Ayla möchte das „Wegbringen des Altpapiers" als festen Bestandteil ins Vorschulkonzept aufnehmen. Mit einer Kollegin spricht sie darüber *(Reflexion)*. Die Kollegin unterstützt diese Idee und schlägt vor, dass auch das Altglas mit entsorgt werden kann. Die beiden Erzieherinnen berichten den Vorschulkindern von ihrer Idee *(Transparenz)*.
Die Vorschulkinder organisieren einen „Mülldienst".
Gemeinsam wird ein Aushang *(Transparenz)* für die Eltern gestaltet, auf dem die Kinder von ihren neuen Aufgaben berichten.

So ermöglicht Reflexion die Transparenz und Transparenz wiederum fördert Reflexion.

Vorteile von Transparenz in der Kita

Besseres Verständnis

1. Außerhalb der Kita verstehen Außenstehende Sie besser.
2. Innerhalb der Kita verstehen Sie sich selbst besser, wenn Sie sich einmal klargemacht haben, was Sie nach außen transportieren wollen.

Wenn Sie Ihre Arbeit präsentieren, müssen Sie zuerst überlegen, was genau Sie zeigen möchten. **Was wollen Sie wem vermitteln?** Indem Sie darüber nachdenken und sich damit auseinandersetzen, machen Sie sich Ihren eigenen Standpunkt klar.

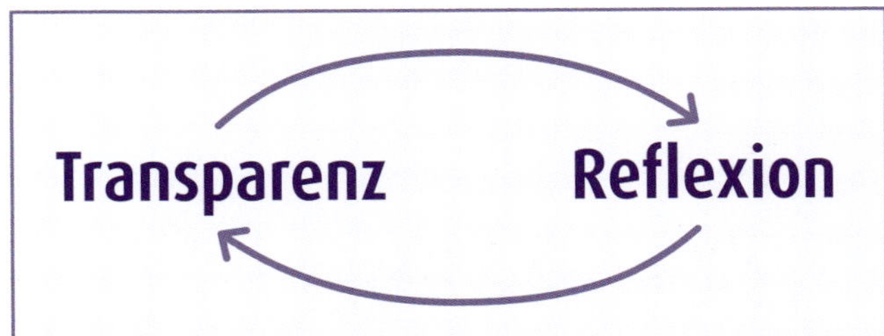

Kreislauf von Transparenz und Reflexion

Vorteile von Transparenz

Konflikte und Missverständnisse vermeiden

1. Außerhalb der Kita haben Sie weniger Konflikte, weil Sie klarer auftreten und zeigen, was in der Kita passiert.
2. Innerhalb der Kita haben Sie weniger Konflikte, weil Sie sich mit diesen Themen im Team beschäftigen und verschiedene Meinungen diskutieren.

Dadurch, dass Meinungen, Ideen und Handlungen dargelegt und deren Intention, die sich dahinter verbirgt, öffentlich gemacht werden, kann man erkennen, dass das Ziel oft dasselbe ist und man „nur" aneinander vorbeigeredet hat.

Sich besser erklären können und professionell wirken

1. Außerhalb der Kita entsteht ein professioneller Eindruck, weil Sie erklären können, was Sie tun.
2. Innerhalb der Kita fühlen Sie sich professioneller, weil Sie wissen, was Sie tun, und wenn es erst einmal nach außen gezeigt wird, dann fühlen Sie sich in dieser Expertise wahrgenommen.

Einmal aufgeschrieben, haben Sie Ihr Wissen schwarz auf weiß. Wenn Sie **bewusst darstellen**, was Sie wie, wann und warum tun, dann bleiben diese Argumente besser in Ihnen und in Ihrem Gegenüber verankert. Sie erlangen dadurch noch mehr **Sicherheit** in Ihrem Tun. Denn indem Sie Ihre Arbeit präsentieren, beschäftigen Sie sich auch mit Ihrer Darstellung.

Kinder schützen

1. Außerhalb der Kita schützen Sie die Kinder, indem Sie beispielsweise transparent machen, welche Rechte Kinder haben, und dazu Stellung beziehen.
2. Innerhalb der Kita können Sie die Kinder z. B. dadurch schützen, dass Sie ihre Meinung miteinbeziehen und dass sie selbst mitgestalten dürfen.

Indem Kinder mitgestalten und ihre Gedanken transparent machen können, erfahren sie eine Stärkung des Selbstbewusstseins und der Selbstwirksamkeit. Das macht sie stark für die Zukunft.

Grenzen der Transparenz

Bei der Transparenz gibt es zwei Grenzen, die gewahrt werden müssen. Das sind zum einen **gesetzlich vorgegebene Grenzen**, zu denen der Datenschutz und die Schweigepflicht gehören, und zum anderen haben Sie **eigene Grenzen**, die Sie nicht übertreten möchten.

Offizielle Grenze: DSGVO

Datenschutz ist eine Frage des Vertrauens. Die DSGVO ist ein Gesetz, das auch für Kitas gilt und für Befangenheit im Umgang mit Daten in den Einrichtungen führt.
Wofür steht eigentlich die Abkürzung „DSGVO"? DSGVO ist die Abkürzung für die geltende **D**aten**s**chutz**g**rund**v**er**o**rdnung.

Ziel der Verordnung ist es, dass jede*r das Grundrecht hat, selbstbestimmt zu entscheiden, welche Informationen, seine*ihre eigene Person betreffend, preisgegeben werden und wie mit diesen Daten umgegangen wird.
Ziel ist es auch, die **Datenverarbeitung transparenter zu machen**. Die Menschen sollen darüber aufgeklärt werden, was mit ihren Daten passiert.

Transparenz ist in diesem Zusammenhang das Stichwort, mit dem sich dieses Buch vorrangig beschäftigt. Da Kita-Kinder unter 18 Jahren sind, gilt diese Transparenz vor allem gegenüber den Eltern, die das Sorgerecht haben.

Eltern haben ein Recht darauf, zu erfahren, was mit ihren und den Daten ihrer Kinder geschieht. Ein weiterer Aspekt ist der des Kinderschutzes. Denn Kinder sind besonders schutzwürdig. Das gilt auch für ihre Daten, diese sollten vor dem Zugriff anderer gesichert sein.

Kitas sollten ein sicherer Ort sein, an dem Kinder sich frei und unbefangen entwickeln können. Das setzt auch einen vertrauensvollen Umgang mit ihren Daten voraus.
Natürlich müssen Sie Daten über die Kinder und die Eltern sammeln, benutzen, speichern und präsentieren, so z. B. für die Aufnahme in der Kita und die Bildungsdokumentation.
Als Daten gelten nicht nur Name, Adresse, Telefonnummer und Co., sondern auch schriftliche, bildliche oder auditive Dokumentationen, wie Sie sie für Portfolios, Aushänge und Co. benötigen. Alle Informationen, die eindeutig einer Person zuzuordnen sind, müssen diskret behandelt werden. Selbst für interne Aushänge oder Präsentationen benötigen Sie eine Einwilligung der Eltern.

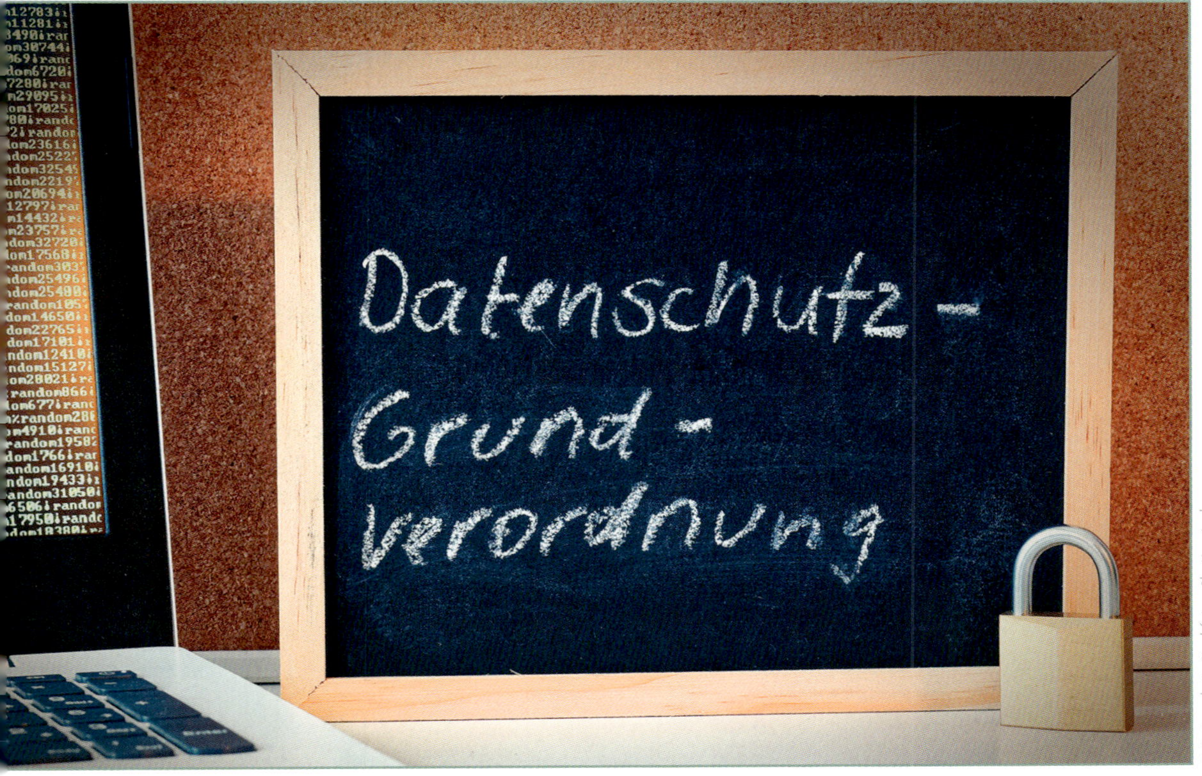

Grenzen der Transparenz

Sie dürfen nicht wahllos irgendwelche Daten erheben, sondern brauchen einen Grund, weshalb Sie diese erheben. Dabei spielt es keine Rolle, ob die Daten handschriftlich oder digital erfasst werden.

Wichtig ist hierbei auch, dass Sie das **Prinzip der Freiwilligkeit** beachten. Eltern, die ihre Einwilligung nicht geben oder ihre Einwilligung widerrufen, darf kein Nachteil entstehen.
Achten Sie darauf, wo man Daten sehen kann. Wenn Eltern beispielsweise einwilligen, dass Sie Fotos des Kindes in der Einrichtung aushängen dürfen, dann dürfen Sie diese etwa nicht an Fenstern aufhängen, an denen vorbeilaufende Menschen die Bilder betrachten können.

Um **sicherzugehen**, müssen Sie:

1. die Eltern schriftlich informieren, welche Daten erfasst werden,
2. sich eine Einwilligung der Eltern einholen, dass diese Daten erfasst, verarbeitet und gespeichert (!) werden dürfen,
3. darüber informieren, wofür die Daten verwendet werden,
4. Daten sicher vor Unbefugten verwahren (z. B. einschließen),
5. alle Mitarbeiter*innen der Einrichtung eine Schweigepflichtserklärung unterschreiben lassen, die auch über die Dienstzeit hinaus besteht,
6. für Videos, Fotos und Audiodateien sich ebenfalls eine Genehmigung in Form einer Einwilligungserklärung einholen,
7. sich bewusst sein, dass jede Art der Speicherung und Präsentation von Daten eine explizite Einwilligung nötig machen kann.

Hinweis

Dieses Buch ist keine ausreichende Rechtsberatung, sondern kann nur Gedankenanstöße geben.

Wenn Sie **Fragen** haben, können Sie wie folgt vorgehen:

1. Prüfen Sie, ob es von Ihrem Träger aus eine*n Datenschutzbeauftragte*n gibt.
2. Sollte das nicht der Fall sein, dann informieren Sie sich beim „Landesbeauftragten für Datenschutz und Informationsfreiheit" und erfahren Sie, wer für Sie zuständig ist: www.Bfdi.bund.de
3. Schauen Sie sich, ergänzend dazu, Materialien an, die sich ausführlicher mit dem Thema beschäftigen.

Weiterführende Materialien zum Thema DSGVO

Eine kurze Übersicht finden Sie hier:
https://www.nifbe.de/component/themensammlung?view=item&id=793:datenschutz-in-kitas&catid=83

Beispielhafte Erklärungen aus verschiedenen Bundesländern zum Datenschutz in der Kita finden Sie hier:
http://kindergaerten-bw.de/site/pbs-bw-new/get/documents/KULTUS.Dachmandant/KULTUS/Projekte/kindergaerten-bw/datenschutz/KM-KIGA_Datenschutz_DEUTSCH.pdf

https://www.datenschutzzentrum.de/uploads/kita/veroeffentlichungen/Broschuere_Datenschutz_ZV.pdf

Den Gesetzestext können Sie hier nachlesen:
https://www.bmj.de/DE/Themen/FokusThemen/DSGVO/_documents/Amtsblatt_EU_DSGVO.pdf

Auf der nächsten Seite finden Sie ein paar **Ideen**, mit denen Sie auf Nummer sicher gehen können und den Datenschutz ganz einfach umsetzen.
Außerdem finden Sie noch zwei **Checklisten**, die Ihnen die Arbeit erleichtern und eine Übersicht zum Datenschutz geben.

Tipp

Holen Sie sich immer eine aktuelle Einwilligungserklärung für öffentliche Aktionen (z. B. Presse/Internet). So halten Sie die Eltern auf dem Laufenden und stellen sicher, dass nicht „aus Versehen" und „unerlaubt" ein Kind abgebildet wird. Außerdem zeugt das von Respekt, wenn Sie die Eltern explizit um Erlaubnis zu einer öffentlichen Aktion bitten.

IDEENWERKSTATT:
Datenschutz ganz einfach

Am einfachsten ist es, wenn Sie generalisieren, also einzelne Personen nicht kenntlich sind. Dazu gibt es verschiedene Möglichkeiten:

1. Keine einzelnen Kinder oder Personen namentlich nennen: Stattdessen benennen Sie eine bestimmte Gruppe mit einem Namen, z. B.: die älteren Kinder, die jüngeren Kinder, die Vorschulkinder, Eltern, unsere Jüngsten, unsere Ältesten, die rote Gruppe, die Marienkäfer-Gruppe, die Jungs, die Mädchen, die Turngruppe, das Team, das Leitungsteam, die neuen Kinder, die Einrichtung, die Elternschaft usw.

Beispiel

Die Mädchen in der Gruppe sind derzeit fasziniert von Regenbögen, weshalb wir dieses Thema in der Gruppe vertiefen möchten.

2. Verallgemeinerungen: Sprechen Sie allgemein über etwas, statt etwas explizit zu benennen.

Beispiel

- Einige der Kinder ...
- Beim Turnen ist uns aufgefallen, dass ...
- Derzeit gibt es zum Frühstück ...
- An uns wurde herangetragen, dass ...
- Während der letzten Elternratssitzung wurde diskutiert, ...

IDEENWERKSTATT: Datenschutz ganz einfach

3. Bilder und Aufnahmen ohne Menschen: Sie können Materialien, die Räume der Kita, den Aufbau von z. B. der Turnstunde problemlos fotografieren/filmen und solche Bilder auch ohne Einverständnis der Eltern präsentieren.

4. Bilder ohne Gesichter: Wenn Sie einen Aushang gestalten oder einen Newsletter schreiben und auf Nummer sicher gehen möchten, dann verwenden Sie Bilder ohne Gesichter.

Beispiel

Sie können die Kinder beispielsweise:
- von hinten fotografieren/filmen
- nur Hände oder Füße zeigen
- Kinder im Hintergrund unscharf machen

CHECKLISTE: Einwilligungserklärung Daten

Mit dieser Liste können Sie sammeln, welche Daten Sie erfassen, wo diese gespeichert, verwendet und sichtbar gemacht werden, sowie überprüfen, ob Sie eine Einwilligungserklärung dafür haben.

Welche Daten erfassen wir?	Haben wir eine Einwilligungserklärung dafür?	Wo werden diese Daten gespeichert, verwendet und sichtbar gemacht?	Wird das in der Einwilligungserklärung benannt?

CHECKLISTE:
Einwilligungserklärung Namen

Verschaffen Sie sich eine Übersicht, von welchem Kind Sie welche Einwilligungserklärung haben. Tragen Sie in die erste Spalte den Namen des Kindes ein. In die erste Zeile der weiteren Spalten können Sie die unterschiedlichen Einwilligungserklärungen schreiben und dann für jedes Kind ankreuzen, welche Einwilligungserklärung Ihnen zur Verfügung steht.

Name des Kindes							

Grenzen der Transparenz

Offizielle Grenze: Schweigepflicht

Auch die Schweigepflicht stellt eine Grenze dar, die in der transparenten Kommunikation mit den Eltern nicht überschritten werden darf.
Transparenz soll dem Ganzen und allen Beteiligten dienen: den Kindern, Eltern und Ihnen als pädagogischen Fachkräften. Dabei müssen die **Persönlichkeitsrechte aller** gewahrt werden. Darum ist es wichtig, dass Sie im Rahmen der Transparenz darauf achten, dass Sie zwar **echt und ehrlich sind, aber auch diskret**.

Das folgende Fallbeispiel verdeutlicht, wie schmal der Grat zwischen Schweigepflicht und Transparenz ist.

Beispiel

Während der Abholzeit kommt Selenas Mutter auf die Erzieherin zu und sucht das Gespräch: „Meine Tochter erzählt immer davon, dass Karl öfter die Kinder beißt. Das scheint sie sehr zu beschäftigen. Jetzt wollte ich mal fragen, was da in der Gruppe los ist, haben Sie da mal mit den Eltern drüber gesprochen?"

Bei diesen oder ähnlichen Fragen ist höchste **Achtsamkeit** geboten. Sie dürfen nicht mit anderen Eltern über Kinder sprechen. Auch nicht, wenn es sich um etwas scheinbar Harmloses handelt oder es so aussieht, als würde es um wichtige Informationen gehen. Denn aufgrund von Datenschutz und Schweigepflicht begeben Sie sich als pädagogische Fachkraft leicht auf ganz dünnes Eis. Natürlich müssen Sie eine Antwort darauf geben, aber Sie dürfen keine Äußerungen bezüglich eines bestimmten Kindes oder seiner Eltern machen.

Teamaufgabe

Überlegen Sie, wie Sie im Rahmen der Transparenz freundlich und höflich diese Frage beantworten können. Sammeln Sie verschiedene Lösungsvorschläge.

Eine Schweigepflicht gilt für das gesamte Personal in der Kita. Das bezieht sich auch auf alle temporär beschäftigten Personen wie z. B. Praktikant*innen, Auszubildende, Freiwilligendienstleistende oder pädagogische Hilfskräfte.

Nirgends – weder schriftlich noch mündlich – dürfen Sie Informationen oder Aussagen über Kinder, deren Eltern oder Familien machen, ganz besonders dann nicht, wenn es die betreffenden Personen in ein schlechtes Licht rückt. Deshalb tragen Sie Sorge dafür, dass nichts nach außen gelangt, was nicht nach außen gelangen darf.

© Nadia Snopek – Shutterstock.com

Die eigene Grenze

Wie fühlen Sie sich in der Nähe von Eltern?
- → Fühlen Sie sich beobachtet?
- → Sind Ihnen Fragen der Eltern manchmal unangenehm?
- → Sind Sie bei schwierigen Gesprächen angespannt?
- → Fühlen Sie sich verletzlich?
- → Wollen Sie sich besonders gut darstellen?
- → Haben Sie Angst, etwas Falsches zu sagen?
- → Fällt es Ihnen schwer, in die direkte Konfrontation mit Eltern zu gehen?
- → Sehnen Sie sich manchmal danach, dass die Eltern möglichst schnell wieder verschwinden?

Wahrscheinlich geht es jeder pädagogischen Fachkraft einmal so. Wenn Sie allerdings viele der genannten Fragen mit Ja beantworten können, dann ist das vielleicht ein Hinweis darauf, dass Sie unsicher im Umgang mit den Eltern sind. Das müssen Sie aber nicht. Sie dürfen daran arbeiten, den Eltern selbstbewusster, zuversichtlicher und professioneller gegenüberzutreten. Mithilfe von Fortbildungen, Fachliteratur, einem Coaching o. Ä. können Sie das **lernen**.
Das Problem ist, dass **Unsicherheit und Angst** Sie lähmen. Beides versetzt Sie in Stress. Und plötzlich passiert das, wovor Sie die ganze Zeit Angst hatten. Wenn Sie beispielsweise keinen

Grenzen der Transparenz

Fehler machen wollen aus Angst, inkompetent zu wirken, dann passiert oft genau das: Sie machen blöde Fehler. Die Eltern beginnen, Sie komisch zu finden, statt Sie als kompetent und zuverlässig wahrzunehmen. Es ist doch so: **Je mehr man einen Fehler vermeiden möchte, desto eher tritt er zutage.**

Sie wünschen sich vielleicht, dass die Eltern zufrieden mit Ihrer Arbeit sind und dass sie Sie als pädagogische Fachkraft und Experte bzw. Expertin in Ihrem Bereich wahrnehmen. Aber wenn Sie sich nicht als solche fühlen, weil Sie unsicher sind, werden Sie auch genau das ausstrahlen. Schnell geraten Sie dann in eine Spirale, die Sie immer weiter runterzieht. Was ist also die Lösung?

Vertrauen

Vertrauen Sie in erster Linie **sich selbst**. Vertrauen Sie darauf, dass Sie bereits gute Fähigkeiten haben. Sie besitzen Stärken und Kompetenzen. Und das, was Ihnen schwerfällt oder Sie noch nicht können, das können Sie lernen.
Vertrauen Sie sich eventuell Kolleg*innen oder Ihrer Leitung an und bitten Sie um Unterstützung. So können Sie z. B. Gespräche zu zweit führen, solang Sie sich das allein noch nicht zutrauen. Merken Sie sich: Auch hier spielen **Transparenz und Reflexion** wieder eine Rolle. Erst einmal erkennen Sie, dass Sie Hilfe brauchen, und dann machen Sie dieses Bedürfnis transparent.
Vertrauen Sie auch den Eltern. Viele Eltern sind Erzieher*innen sehr dankbar für ihre Arbeit, auch wenn sie es nicht immer zeigen. Oft tätigen Eltern schlechte Aussagen, weil sie selbst gestresst sind oder es ihnen nicht gut geht. Hinzu kommt, dass Eltern meist sehr emotional sind, wenn es um ihre Kinder geht.

Bauen Sie von Beginn an eine **wertschätzende und vertrauensvolle Beziehung** zu den Eltern auf, indem Sie transparent kommunizieren. Versuchen Sie, sich in die Lage von Eltern zu versetzen, und überlegen Sie aus dieser Perspektive heraus, welche Informationen die Eltern noch benötigen könnten. Für Sie ist der Kita-Alltag selbstverständlich. Sie erleben diesen tagtäglich. Sie sind darin involviert, kennen Abläufe und Prozesse. **Eltern kommen von außen.** Sie haben nur diesen Blick von oben auf die Kita.

Kommunikation kann dabei helfen, die **andere Perspektive zu verstehen**. Vertrauen ist die Grundlage jeder Beziehung. Transparenz ist eine Methode, um dieses Vertrauen aufzubauen. Allerdings muss man bei allem Vertrauen und aller Transparenz darauf achten, dass als pädagogische Fachkraft eine **professionelle Distanz** gewahrt wird, damit Sie sich selbst schützen.

Es gibt einen **Unterschied zwischen PRIVAT und PERSÖNLICH**. Machen Sie für sich diesen Unterschied: Wo fängt für Sie Privatsphäre an und wo hört Persönlichkeit auf?
Natürlich ist es gut, wenn Sie den Eltern auf einer **persönlichen Ebene** begegnen. Das bedeutet, Sie kommunizieren mit ihnen auf Augenhöhe und treten unmittelbar in Verbindung. Sie zeigen sich in Ihrer Person mit Ihren Stärken. Sie sind einzigartig, genau wie jede pädagogische Fachkraft in Ihrem Team. Diese Einzigartigkeit zeichnet Sie aus, macht Sie besonders.

Persönlich machen Sie sich offen, sind authentisch und begegnen den Eltern als Mensch. Sie bauen eine Beziehung auf. Das ist Teil Ihrer pädagogischen Aufgabe. Allerdings hat diese Beziehung eine Grenze. Nicht immer ist das leicht zu trennen. So kann es beispielsweise passieren, dass Sie eine Familie am Wochenende zufällig beim Spazierengehen treffen. Da ist es nur selbstverständlich, dass Sie diese begrüßen und ein wenig Small Talk führen, obwohl Sie gerade Freizeit haben.

Tipp 

Passen Sie auf, was Sie der Öffentlichkeit über sich und Ihr Leben preisgeben. Dazu gehören auch das Internet sowie die sozialen Medien.

Im Unterschied zu „persönlich" bedeutet „privat" alles, was außerhalb der Arbeit geschieht. Das können sowohl Ihre eigenen Bevorzugungen sein als auch Aktivitäten in Ihrer Freizeit oder Ihre eigenen Befindlichkeiten.
Manch eine pädagogische Fachkraft hat **Angst davor, transparent zu sein**, weil sie sich dann angreifbar macht. Diese Angst ist nachvollziehbar. Vielleicht haben Sie auch schon die eine oder andere unangenehme Erfahrung mit Eltern gemacht und Angst davor, ähnliche Erfahrungen erneut zu erleben? Darum ist es wichtig, dass Sie Arbeit und Privates trennen, dass Sie eine **professionelle Distanz** haben. So brauchen Sie keine Angst zu haben, sich persönlich zu zeigen.

Finden Sie für sich Klarheit darüber, was für Sie persönlich und was privat ist. Auf Seite 22 finden Sie eine **Übersicht über den Unterschied** zwischen persönlich und privat, die Ihnen helfen kann, das für sich zu sortieren. Hinzu kommt: **Sie entscheiden selbst, wie viel Sie von sich privat preisgeben.**

Grenzen der Transparenz

Beispiel

Wenn Sie Kinder haben, dann dürfen Sie Situationen und Erfahrungen im Zusammenhang mit den eigenen Kindern erzählen, müssen es aber nicht. Wenn Sie nicht davon erzählen wollen, ist das in Ordnung, denn das ist privat.

Besonders als Leitung kann es ein ganz schöner **Drahtseilakt** sein, in einem beziehungsorientierten Kollegium zu arbeiten. Denn oft spielt eine vertraute Ebene, die über die Arbeit hinausgeht, eine wichtige Rolle.

Beziehungen werden gebaut, indem man sich Dinge anvertraut, gemeinsam sich durch schwere Zeiten trägt und die schönen Zeiten feiert. Besonders in der Arbeit als Erzieher*in verschwimmen hier schon einmal leicht die Grenzen zwischen privat und beruflich. Als Leitung haben Sie eine Führungsverantwortung. Und je durchsichtiger Sie sich machen, desto angreifbarer sind Sie und desto schwieriger ist es, sich seine Position zu bewahren. Vor allem, wenn Sie als Erzieher*in aus dem Team heraus zur Leitung befördert werden, fällt es oft schwer, sich einen Stand aufzubauen.

Wie Sie persönlich bleiben, ohne privat zu werden

Wenn Sie jedoch nichts von sich selbst preisgeben, kann das auch sehr distanziert wirken. Und gerade in dem Arbeitsfeld, in dem Sie sich befinden, ist es wichtig, dass Sie **nicht distanziert wirken**. Arbeitnehmer*innen wünschen sich Leitungskräfte, bei denen sie das Gefühl haben, dass sie auch Menschen sind, dass sie ihnen vertrauen können.

Tipp

„Privat“ bedeutet alles, was zu Ihrem individuellen Leben gehört. Dazu zählt neben Ihrem Beruf auch Familie, Freundeskreis, Hobbys, Ihr Wohnraum, wohin Sie in den Urlaub fahren, aber auch Ihre Gefühle und Gedanken etc. Zeigen Sie sich privat, geben Sie vieles (alles) aus Ihrem Leben anderen (auch Ihren Kolleg*innen) preis.
Sind Sie persönlich hingegen, bedeutet das, dass Sie Ihren Kolleg*innen nur auf einer reinen Beziehungsebene begegnen. Diese können Sie herstellen, ohne zu viel von Ihrem Privatleben preiszugeben. Natürlich müssen Sie selbst entscheiden, inwieweit Sie sich öffnen und was Sie von sich preisgeben möchten. Egal ob es sehr viel oder sehr wenig ist, viel wichtiger ist es, dass Sie Ihren Kolleg*innen persönlich gegenübertreten. Ein Trick ist, richtig zuzuhören. Menschen fühlen sich mit anderen Menschen verbunden, wenn man ihnen zuhört.

ÜBERSICHT:
Der Unterschied zwischen persönlich und privat

Hier sehen Sie eine grobe Auflistung des Unterschieds zwischen privat und persönlich:

Persönlich und der Ausdruck der Persönlichkeit sind u. a.:	Privat und damit für die Arbeit belanglos sind u. a.:
→ Stärken und Talente, die man mit in den Kita-Alltag bringt → Beziehungen auf der Arbeit, vor allem die mit Eltern und Kindern → Ängste und Sorgen in Bezug auf die Arbeit → Aktionen und Angebote, die man in der Kita durchführt → präsent sein und mit den Eltern ins Gespräch gehen → anderen auf Augenhöhe begegnen und kommunizieren → pädagogische Haltung, Motivation, Ideen → Erlebnisse, Erfahrungen und Situationen im Kita-Alltag	→ Aktivitäten außerhalb der Arbeit → Beziehungen außerhalb der Arbeit → private Sorgen und Ängste → eigene familiäre Situation → Hobbys, Urlaube und Freizeitgestaltung → Musikgeschmack, Lieblingsessen u. Ä. → Entspannungsverhalten nach der Arbeit → Meinungen außerhalb der Kita (z. B. politisch) → Erlebnisse, Erfahrungen und Situationen aus dem Leben → das eigene Zuhause

Schreiben Sie sich einmal auf, wo Sie Ihre eigene Grenze ziehen. Es aufzuschreiben, hilft, Klarheit zu bekommen, dann haben Sie es schwarz auf weiß und für sich eine Orientierung.
Schützen Sie sich und Ihr Privatleben!

....

....

....

....

....

....

....

....

....

CHECKLISTE: Umgang mit Freundebüchern von Kita-Kindern (1/2)

Hier finden Sie Ideen, wie Sie auf die gängigsten Fragen in Freundebüchern antworten können und damit für Sie „heikle" Fragen umgehen.

Frage	Mögliche Antwort(en)
Foto:	➔ Zeichnen Sie sich. ➔ Benutzen Sie eine Comicfigur oder eine grafische Abbildung, die Ihnen ähnlich sieht, und schneiden Sie diese aus. ➔ Es gibt im Internet auch kostenlose Möglichkeiten, einen Avatar zu erstellen, der Ihnen ähnlich sieht, diesen kann man herunterladen und dann ebenfalls ausdrucken.
Alter:	➔ „Zum Zählen reichen deine beiden Hände nicht." ➔ „So alt wie der Baum in meinem Garten." ➔ Malen Sie vorhandene Icons aus und schreiben Sie dazu: „+ noch viel mehr".
Adresse:	➔ „Zuhause." ➔ „In ..." (Setzen Sie bei „..." Ihren Wohnort ein.) ➔ „XX km von der Kita entfernt." (Setzen Sie die Entfernung ein.)
Telefonnummer:	➔ „Du erreichst mich in der Kita: ..." (Setzen Sie die Nummer der Kita ein.) ➔ „Geheim."
Spitzname:	➔ Schreiben Sie auf, wie die Kinder Sie nennen oder wie Sie einmal ein Kind genannt hat.
Geburtstag:	➔ „Im ..." (Setzen Sie nur die Jahreszeit oder den Monat ein.) ➔ „Immer am gleichen Tag."
Lieblingsessen:	➔ Wählen Sie eins aus der Kita (z. B.: „Spinatlasagne gekocht von unserer Kita-Köchin").
Lieblingslied:	➔ Hier können Sie ein beliebtes Kita-Lied verwenden.
Lieblingsbuch:	➔ Wählen Sie hier eins aus der Kita aus oder eins, das Sie gern mit den Kindern lesen.
Lieblingsfilm:	➔ Auch hier eignet sich ein Kinderfilm. Von „Pippi Langstrumpf" über „König der Löwen" bis hin zu „Dschungelbuch" ist alles möglich.
Hobby:	➔ Schreiben Sie Aktivitäten auf, die Sie auch gern in der Kita machen, z. B. Turnen, Basteln, in den Wald gehen, Gärtnern, Lesen ...

CHECKLISTE: Umgang mit Freundebüchern von Kita-Kindern (2/2)

Lieblingstier:	➔ Wenn Ihre Gruppe oder Ihre Kita nach einem Tier benannt ist, können Sie dieses verwenden. ➔ „Alle Tiere (die auf der Arche waren oder die man streicheln kann)."
Mein Idol/Star:	➔ Nennen Sie einen Helden oder eine Heldin aus Kindheitstagen, wie z. B.: Pippi Langstrumpf, Spiderman, Cinderella u. Ä., alternativ: meine Eltern/Großeltern.
Das will ich werden:	➔ „100 Jahre alt." ➔ „Nichts mehr, denn Erzieher*in bin ich ja schon." ➔ „Alt und weise."
Das mag ich gar nicht:	➔ Fügen Sie ein Gemüse ein, das Sie nicht mögen. ➔ „Müll auf der Erde." ➔ „Streit."
Mein größter Wunsch/Traum:	➔ „Dass es keinen Streit mehr auf der Welt gibt." ➔ „Hat sich erfüllt: dass ich in dein Freundebuch schreiben darf." ➔ „Fliegen zu können." (oder eine andere übernatürliche Fähigkeit)

Die Illusion der Transparenz

Im Alltag zeigt sich, dass **Menschen viel schlechter darin sind, zu erahnen**, wie es uns geht und was uns beschäftigt.
Wir gehen davon aus, dass der*die andere weiß, was wir meinen, und unsere Intention erkennt sowie unsere Gedanken und Gefühle erspüren kann und schon merken wird, was wir meinen. Das ist jedoch nicht der Fall!

Gedanken, Intentionen und Gefühle sind anderen verborgen. In Wahrheit versuchen die Menschen nämlich meistens nicht, sich in uns hineinzuversetzen. Wir denken aber, dass andere alles mitbekommen.
Andere verstehen uns dann falsch und wir wundern uns, warum der*die andere uns nicht versteht. **Missverständnisse** entstehen dadurch schnell. Wir denken, dass es daran liegt, dass wir uns nicht genug angestrengt haben oder nicht richtig zugehört haben. Das ist aber oft nicht der Fall. Es liegt schlicht einfach daran, dass wir viel schlechter im Einschätzen des*der anderen sind, als wir denken.

Um jemanden einschätzen zu können, müssen vier Schritte vollzogen werden:
1. wahrnehmen
2. erinnern
3. denken
4. einschätzen

Unbewusst gibt es mehrere Fehler, die wir dabei machen:
1. Bei der Wahrnehmung kann schon einiges falsch laufen.
2. Bei der Erinnerung wird schnell schon einmal etwas verzerrt.
3. Unser Denken ist mit unseren Einschätzungen und Erfahrungen bereits voreingenommen.
4. Beim Urteilen sind wir einfach nur menschlich.

Nachdem wir diese Schritte vollzogen haben, müssen wir reagieren und unser Gegenüber geht nun für sich wieder diese vier Schritte durch. Jeder dieser Schritte kann nicht 100 Prozent korrekt ausgeführt werden und zwangsläufig werden wir die Situation nicht richtig evaluieren können.
Wir schätzen unsere Erfolgsquote und die der anderen wesentlich höher ein, als sie in der **Realität** ist.
Hinzu kommt: Wir denken, wir wissen, was wir meinen. Allerdings nehmen wir uns selbst auch falsch wahr.

Das **Wissen über die Illusion** der Transparenz können Sie nun in zweifacher Hinsicht nutzen:
- → Eltern wissen nicht so viel und so tiefgehend über Sie und Ihren Gefühlszustand Bescheid, wie Sie denken. Sind Sie beispielsweise nervös vor einem Gespräch mit den Eltern oder finden nicht die richtigen Worte, so bleiben diese Zustände den meisten **Eltern verborgen**. Sie können also davon ausgehen, dass Ihr Gefühlszustand nicht auffällt, und darum müssen Sie ihn nicht erwähnen und können den Eltern so **sicherer erscheinen**, als Sie sich selbst fühlen. Dieser Effekt bringt Ihnen also Expertenpunkte ein, wenn Sie ihn anwenden.
- → Sie können den Effekt in Gesprächen und bei schriftlichen Mitteilungen nutzen. Indem Sie sich bewusst machen, dass Eltern viel weniger sehen und mitbekommen, als Sie denken, machen Sie automatisch mehr transparent. Bei allem, was Sie zeigen, **gehen Sie davon aus, dass den Eltern NICHTS klar ist**. Natürlich bekommen Eltern etwas mit und sie machen sich Gedanken, aber eben nicht in dem Umfang, wie Sie es vermuten.

Wie bei den Laternen. Es scheint etwas hindurch. Das ganze Bild bleibt jedoch verborgen. Wir erahnen, dass sich im Inneren der Laterne eine Kerze befindet, aber wir sehen diese Kerze nicht, wir wissen nicht, welche Farbe sie hat, und manchmal ist

Die Illusion der Transparenz

es sogar schwer, zu erkennen, ob ein LED-Licht oder eine echte Kerze brennt. Wir sehen, dass die Laterne scheint, aber nicht, was sich darin befindet. Je mehr Sie zeigen und berichten, desto höher ist die Wahrscheinlichkeit, dass etwas von dem durchscheint, was Sie auch vermitteln wollen.

Gut zu wissen

Je tiefer etwas in Ihrem Innenleben steckt, wie z. B. Motive, Intentionen, Bemühungen, Gefühle, Wünsche, Pläne, Ideen, Bestrebungen, Vorstellungen, Überlegungen, desto weniger wird das von den Eltern wahrgenommen und bemerkt.

Nun ist es natürlich wichtig, zu unterscheiden, was den Eltern transparent gemacht werden sollte und was nicht. Denn nicht alles gehört den Eltern transparent gemacht, vor allem, wenn Sie Ihre Professionalität verdeutlichen möchten.

Denn der Begriff „Transparenz" beschreibt es bereits: Es geht darum, dass **etwas durchscheint**. Es muss nicht immer genau erklärt und so dargestellt werden, wie es auch der Realität entspricht. Jedes Hintergrunddetail aufzuführen ist weder sinnvoll noch möglich; und Kita-Interna gehören nicht in einem Elterngespräch diskutiert. Hier ist Fingerspitzengefühl gefragt. Aber es darf scheinen, leuchten und sichtbar sein und Sie wissen selbst, welche Präsenz eine Laterne in der Dunkelheit hat.

Beispiel

Für den Bereich der Kita steht das Kind im Mittelpunkt und damit sollte vorrangig Ihre pädagogische Arbeit transparent gemacht werden und leuchten.
Ihre eigenen Befindlichkeiten und Probleme dürfen Sie außen vor lassen (verbergen), wenn sie nicht weiter relevant sind.

AKTIVE TRANSPARENZ in der Kita

© BGStock72 – Shutterstock.com

Transparenz in der Kita bedeutet vor allem:
die pädagogische Arbeit nach außen zu präsentieren.

Die **Art der Präsentation** richtet sich dabei an folgenden Fragen aus:

→ Für wen präsentieren Sie? *(Zielgruppe)*

→ Wo präsentieren Sie? *(Ort)*

→ Wie präsentieren Sie? *(Gestaltung)*

→ Was präsentieren Sie? *(Inhalt)*

Für wen? – Wer die Zielgruppen sind

Zielgruppen der transparenten Arbeit

Eltern sind nicht die einzige Zielgruppe, an die sich Transparenz richtet. Auch wenn es die Hauptgruppe ist, die direkt davon profitiert. Doch in der Institution Kita gilt Transparenz gegenüber verschiedenen Zielgruppen. Denn **die Kita ist in andere Sozialsysteme eingebettet**.

Die Sichtbarkeit Ihrer Arbeit richtet sich an Menschen:
- ➔ innerhalb der Einrichtung,
- ➔ innerhalb und außerhalb der Einrichtung,
- ➔ außerhalb der Einrichtung.

Innerhalb Ihrer Einrichtung sind die Zielgruppen hauptsächlich:
- ➔ die Mitarbeiter*innen.

Die Mitarbeiter*innen bilden den Kern der Kita als Institution.

Zu **innerhalb und außerhalb der Einrichtung** gehören:
- ➔ der Träger,
- ➔ die Kinder, die aktuell Ihre Einrichtung besuchen,
- ➔ die Eltern der Kinder, die aktuell Ihre Einrichtung besuchen.

Die Kinder und Eltern, die sich derzeit in Ihrer Kita befinden, sind sowohl Außenstehende, da sie nicht zum Team gehören und die institutionelle Arbeit nicht direkt gestalten. Sie gehören aber auch gleichzeitig in den Bereich „innerhalb der Einrichtung", weil diese beiden Gruppen Mitgestalter sind und Angebote von ihnen beeinflusst werden. Gleiches gilt für Ihren Träger, der die Einrichtung betreibt und betreut, aber im Kita-Alltag nicht unbedingt dabei ist.

Außerhalb der Einrichtung haben Sie folgende Zielgruppen:
- ➔ ehemalige Familien (Eltern und deren Kinder)
- ➔ Familien aus der Umgebung, die zukünftig Ihre Einrichtung besuchen könnten
- ➔ interessierte pädagogische Fachkräfte (die zukünftige Mitarbeiter*innen sein könnten)
- ➔ Jugendamt
- ➔ Institutionen und mögliche Kooperationspartner*innen in der Umgebung (Schulen, Ärztinnen und Ärzte, Familienzentren, Beratungsstellen, Kirchen ...)

Es sind vor allem Sozialsysteme, die mit der Kita in Berührung kommen.

Die Inhalte dieses Buches konzentrieren sich vor allem auf die Zielgruppen innerhalb Ihrer Einrichtung – die Mitarbeiter*innen – und auf die Eltern der Kinder, die aktuell Ihre Einrichtung besuchen. Es lohnt sich jedoch auch, einen Blick auf die Zielgruppen außerhalb Ihrer Einrichtung zu werfen und diesen Gruppen attraktive und **interessante Inhalte aus Ihrer Einrichtung** zu liefern, um beispielweise Kooperationspartner*innen oder Personal zu gewinnen.

Für wen? – Wer die Zielgruppen sind

Zielgruppen außerhalb der Einrichtung

Für die Zielgruppen außerhalb Ihrer Einrichtung ist entscheidend:
- Internetpräsenz,
- Konzeption,
- Aushänge außen an der Kita,
- Pressearbeit,
- persönliche Kommunikation zu möglichen Kooperationspartner*innen.

Beispiel: Personalsuche

Sie suchen dringend neues pädagogisches Personal. Wenn Sie nach außen um Transparenz bemüht sind und pädagogische Fachkräfte Informationen über Ihre Einrichtung finden, dann kann ein*e Bewerbungskandidat*in sich bereits vorab ein Bild von der Einrichtung machen, das hoffentlich positiv ist und somit seine*ihre Entscheidung für die angebotene Stelle begünstigt.

Es ist also von Vorteil, wenn Sie als Einrichtung für andere Menschen sichtbar und deshalb **leicht zu finden** sind. Dadurch können beispielsweise Kooperationen entstehen, die wertvoll für Ihre pädagogische Arbeit sind. Deshalb lohnt es sich, Zeit und Arbeit in die Außendarstellung zu stecken, wie das folgende Beispiel ebenso zeigt.

Beispiel

Ein Künstler plant, seine Ausstellung mit Bildern von Kindern zu ergänzen, da das Thema seiner Ausstellung „Verspielte Kunst" ist. Dazu sucht er im Internet Kitas, die in der Nähe seiner Galerie sind und ihm als Kooperationspartner zur Seite stehen können. Er wird auf eine Kita besonders aufmerksam, die eine bunt gestaltete Internetseite hat, und nimmt Kontakt zu dieser auf.

Tipp

Sie benötigen Inhalte für Ihre Webseite oder den Schaukasten an der Kita? Nutzen Sie dafür Ihre Konzeption. Natürlich nicht die gesamte Konzeption, aber Sie können gezielt einzelne Textpassagen entnehmen und so Ihre Arbeit sichtbar machen.

Zielgruppen innerhalb und außerhalb der Einrichtung sowie Mitarbeiter*innen

Bei Betrachtung der Zielgruppen innerhalb der Einrichtung wird eines besonders deutlich: Wir haben es hier mit unterschiedlichen Gruppen zu tun.
- Träger
- Mitarbeiter*innen
- Eltern
- Kinder

Während man bei Träger, Eltern und Mitarbeiter*innen unter Erwachsenen kommuniziert, kommuniziert man mit den Kindern auf einer kindlichen Ebene. Die Informationen müssen deshalb für die Kinder anders aufbereitet werden als für die Erwachsenen. Z. B. können die Kinder noch nicht lesen. Sie brauchen bildliche und visuelle Hilfen.

Auch zwischen Träger, Mitarbeiter*innen und Eltern sollte ein **Unterschied in der Kommunikation** gemacht werden. Während vor allem pädagogische Mitarbeiter*innen ein Grundverständnis für die Abläufe und die pädagogische Arbeit der Kita besitzen und in dieser täglich drinstecken, kommen Eltern mehr von außen. Für den Träger wiederum sind eher Rahmenbedingungen von Bedeutung.

Für wen? – Wer die Zielgruppen sind

Jede Zielgruppe braucht andere Informationen und eine andere Art der Ansprache, wie folgendes Fallbeispiel auch zeigt:

Beispiel

Sie machen Ihren aktuellen Alltag transparent.
Wer braucht nun welche Informationen?

- Dem Träger berichten Sie, wie die derzeitige Personalsituation aussieht, und erzählen von der kaputten Heizungsanlage.
- Den Mitarbeiter*innen erzählen Sie, dass die Elternschaft mehr Angebote für die Vorschulkinder wünscht.
- Den Eltern präsentieren Sie das neue Hochbeet im Außengelände.
- Mit den Kindern besprechen Sie, welche ihrer Fotos ins Portfolio sollen.

In der Begegnung mit allen Zielgruppen gilt aber dieselbe Haltung und es ist wie folgt zu kommunizieren:

- → wertschätzend
- → empathisch
- → authentisch
- → klar
- → einfach
- → verständlich
- → offen

Aktive Transparenz für eine gelungene Elternarbeit

Eltern wünschen sich, dass es ihren Kindern gut geht, dass sie bestmöglich betreut sind und dass sie sich gesund entwickeln können. Sie wünschen sich, dass ihre Kinder sich wohlfühlen, Spaß haben, Freundschaften knüpfen, sich gut entfalten und Neues Lernen. Wenn es den Kindern gut geht, dann geht es auch den Eltern gut. Und wenn es den Eltern gut geht, dann geht es auch den Kindern gut.
Eltern, die ein **sicheres Gefühl** in Bezug auf die Kita haben, spiegeln dieses Gefühl ihren Kindern. Kinder mit ihren feinen Antennen nehmen dies unterbewusst wahr. Kommen die Kinder mit diesem Gefühl der Sicherheit in die Kita, dann wirkt sich das positiv auf die Stimmung in der Gruppe aus – und natürlich auch auf die Beziehung zwischen Ihnen und den Eltern.
Vielleicht möchte oder kann das Kind nicht erzählen, was in der Kita war. Auch die Kinder wollen nicht alles preisgeben. Ihnen sollte eine Privatsphäre zugestanden werden. Indem Sie sich um mehr Transparenz kümmern, nehmen Sie damit ein wenig den Druck von den Kindern.

Für Eltern ist es wichtig, Einblick in den Kita-Alltag zu erhalten und zu erfahren, was ihr Kind dort erlebt. Es hilft ihnen, **Anknüpfungspunkte** zu finden, um mit ihrem Kind ins Gespräch zu kommen. Dabei ist für jedes Elternteil ein anderer Aspekt interessant. Manchen Eltern ist es wichtig, über den Speiseplan informiert zu sein, andere möchten gern wissen, welche Materialien den Kindern zur Verfügung stehen, und wieder anderen sind die Freundschaften des Kindes wichtig. Es gibt Eltern, die wollen sehen, dass ihr Kind gut auf die Schule vorbereitet wird, und Eltern, die an gar nichts interessiert sind.

Diese **unterschiedlichen Bedürfnisse** der Eltern haben eins gemeinsam: Es werden Informationen benötigt bzw. erwartet. Sie brauchen Informationen:

- → zu organisatorischen Dingen der Kita,
- → zum Entwicklungsstand des Kindes,
- → zu weiteren relevanten Themen.

Für wen? – Wer die Zielgruppen sind

Worüber sollte wer wie informiert sein?

Wenn Sie sich als Mitarbeiter*in darüber im Klaren sind, was Sie wollen, wer Sie sind und wo Ihre Stärken liegen, dann können Sie das auch leichter nach außen transportieren, z. B. den Eltern gegenüber. Eltern profitieren von diesen Informationen und sind dankbar dafür. Machen Sie sich im Sinne der Partizipation Gedanken darüber, wie Sie **Kinder in den Prozess der Transparenz einbeziehen**. Dann können Sie in zwei Richtungen arbeiten:

1. In den meisten Fällen werden Sie sich zuerst als Mitarbeiter*innen gemeinsam im Rahmen der Konzeptionszeit klar darüber, was Sie als Einrichtung ausmacht und wie Sie arbeiten. Im nächsten Schritt werden Sie das womöglich nach außen transportieren und es an die Eltern weitergeben. Erst im dritten Schritt schauen Sie, wie Sie die Kinder mit einbeziehen.

Tipp

Diese Vorgehensweise eignet sich besonders für komplexe Situationen, wie z. B. die Arbeit an der Konzeption.

2. Sie können aber auch mit den Kindern anfangen und ihnen Ihre Arbeit transparent machen. Der Vorteil ist, dass Sie dadurch lernen, es einfach zu machen. Nach dem Motto: „Wenn es ein Kind versteht, versteht es jede*r". Nachdem Sie Ihre Arbeit erst für die Kinder transparent gemacht haben, können Sie es auch für sich und andere veröffentlichen.

Tipp

Besonders bei alltäglichen Dingen, wie z. B. der Präsentation eines Projektes oder der Gestaltung des Wochenrückblicks, lohnt sich diese Reihenfolge der Vorgehensweise.

Das Kind sollte immer im Mittelpunkt aller Bemühungen stehen. Deshalb überlegen Sie, ob das Einbeziehen der Kinder Sinn macht oder sogar eine **Bereicherung** ist.

Das **Einbeziehen der Kinder** kann folgende Vorteile haben:

- Sie bekommen neue Ideen, denn Kinder sind sehr kreativ.
- Das Einbeziehen der Kinder fördert deren Stärken.
- Sie kommen dem Bildungsauftrag für Kitas nach. Partizipation ist hier festgeschrieben.
- Der Einbezug von Kindern stärkt deren Verständnis für Demokratie und Gemeinschaft.
- Sie fördern dadurch die sozialen Fähigkeiten der Kinder.
- Sie stärken die Selbstwirksamkeit, Selbstbestimmung, Selbstständigkeit und unterstützen somit die emotionale Entwicklung der Kinder.
- Sie müssen es nicht allein machen, sondern haben Unterstützung.

Tipp

Wenn Sie Kinder mit einbeziehen, dann schalten Sie Ihren Perfektionismus aus. Ein perfektes Ergebnis darzustellen, impliziert nur: In der Kita sieht das alles so toll aus, warum bekomme ich das mit meinem Kind nicht hin? Das produziert bei Eltern Schuldgefühle. Darum ist es manchmal gut, zu zeigen, wie der Prozess aussah. Eine Darstellung des Prozesses kann sehr aufschlussreich für Eltern sein.

Transparenz schafft Vertrauen

Beim Vertrauen geht es in erster Linie darum, dass Eltern Ihnen ihr Vertrauen schenken und danach darum, eine **dauerhafte Vertrauensbeziehung** aufzubauen. Ihre Erziehungspartnerschaft mit den Eltern wird um ein Vielfaches leichter, wenn diese Ihnen vertrauen.

Viele Eltern haben ein **abhängiges Vertrauen**, was bedeutet, dass sie Ihnen vertrauen müssen. Denn sie geben ihr Kind für eine gewisse Zeit in Ihre Hände. Es bleibt ihnen keine andere Wahl, als zu vertrauen, dass ihr Kind in dieser Zeit gut aufgehoben ist. Darum fühlen sich viele Eltern hilflos oder sind verzweifelt, weil sie ständig in der Angst leben, dass die Einrichtung nicht gut für ihr Kind ist.

Dieses „abhängige Vertrauen" ist nicht das Vertrauen, das Sie haben möchten. Denn es erschafft keine echte Beziehung. Seien wir ehrlich: Zwischen pädagogischen Fachkräften und Eltern herrscht ein **ungleiches Machtverhältnis**.

Sie als Pädagogin oder Pädagoge haben die Verantwortung für das Kind, während es in der Kita ist. Mit dieser Verantwortung geht auch eine Macht einher. Eltern haben kaum Einblick in den

Für wen? – Wer die Zielgruppen sind

Kita-Alltag und wissen nicht, was dort geschieht. Erst einmal müssen sie **blind vertrauen**. Denn das Kind steht ja ebenfalls in einem ungleichen Machtverhältnis: Sie als Erwachsene*r sind in der Lage, über das Kind zu bestimmen, allein schon körperlich sind Sie ihm überlegen.

Viele pädagogische Fachkräfte haben Sorge davor, in eine Situation zu geraten, in der sie sich verantworten müssen. Dies ist nicht ganz unbegründet und gerade deshalb ist es auch wichtig, das Vertrauen der Eltern zu haben. Denn Eltern, die Ihnen vertrauen, haben keinen Grund, Sie zu kontrollieren oder zu beschuldigen. Eltern, die Ihnen vertrauen, gestehen Ihnen zu, dass Sie auch einmal Fehler machen und dass Sie nicht perfekt sind. Vertrauen setzt voraus, dass man sich wohl und angenommen fühlt. **Echtes Vertrauen** ist, wenn die Eltern sich freuen, dass ihr Kind bei Ihnen in der Kita den Tag verbringt. Wenn sie aus tiefstem Herzen wissen, dass es ihm wirklich gut geht. Transparenz kann dieses „echte Vertrauen" fördern. Bedenken Sie jedoch, dass Vertrauen **Zeit braucht**. Es muss sich entwickeln und kann nicht eingefordert werden, sondern wird geschenkt.

Ist diese Beziehung einmal gebildet, dann besitzen Sie ein wichtiges Fundament für die Erziehungspartnerschaft. Allerdings muss dieses Vertrauen, das Eltern Ihnen geben, immer wieder neu bestätigt werden. Das erreichen Sie, indem **Sie kontinuierlich transparent** sind, indem Sie immer wieder von Neuem aus der Kita berichten und aktiv präsentieren, wie es dem Kind in der Einrichtung ergeht, welche Fortschritte es macht, wie es sich entwickelt, welche Herausforderungen es meistert und wie es in Beziehung zu den pädagogischen Fachkräften und der Kita-Gruppe steht.

Kennen Sie das Gefühl nach einem guten Elterngespräch?
Wie sich auf einmal Ihre Laune bessert?
Wir treten gern in Beziehung. Es gibt uns ein gutes Gefühl, wenn wir uns austauschen können und erkennen, dass wir Gemeinsamkeiten haben. Erinnern Sie sich nicht an dieses Gefühl? Dann achten Sie bei nächster Gelegenheit darauf und spüren Sie, wie sich die Beziehung zu den Eltern ändert und sich auch Ihre Stimmung hebt.

Für wen? – Wer die Zielgruppen sind

Positive und gemeinsam gemachte Erfahrungen stärken die Kommunikation. Indem Sie den Eltern mehr Einblick in Ihre Arbeit und den Tag der Kinder gewähren, schaffen Sie eine gemeinsame positive Ebene, die Ähnliches bewirken kann, und die Eltern werden Ihnen mit Dankbarkeit und Vertrauen begegnen. Sie werden merken, dass dies ebenfalls die Beziehung zu den Kindern positiv beeinflusst. Achten Sie einmal darauf.

Transparenz kann also ein Gemeinschaftsgefühl schaffen und damit positive Emotionen stärken. Aber auch nur dann, wenn Sie es ernst meinen. Wenn Sie die Kommunikation als eine lästige Pflicht betrachten und es nur tun, um die Eltern „zufriedenzustellen", wird man Ihnen das anmerken. Bleiben Sie also authentisch.

Tipp

Um das Gespräch zu suchen, die Erziehungspartnerschaft zu fördern und Vertrauen aufzubauen, ist es ratsam, Folgendes kontinuierlich zu tun:

- **Stellen Sie Fragen.**
- **Zeigen Sie persönliches Interesse.**
- **Erkundigen Sie sich nach dem Alltag des Kindes außerhalb der Kita.**
- **Beziehen Sie Eltern mit in den Kita-Alltag ein.**
- **Geben Sie Eltern die Möglichkeit, Ihnen Wünsche mitzuteilen.**

Auch hier gilt, persönlich ist gut. Privat entscheidet jede*r selbst, wie viel er*sie preisgibt. Respektieren Sie unbedingt auch die Privatsphäre der Eltern.

Es empfiehlt sich jedoch, eine persönliche Ebene zu finden.

nov Konstantin – Shutterstock.com

Orte der Transparenz

Wo transparent sein

Zu den Orten der Transparenz gehören die physischen oder digitalen Orte, wie z. B.:

- Wände
- Fenster
- Türen
- Internet
- digitale Orte (z. B. Apps)
- Gesprächsorte (z. B. Tür-und-Angel-Gespräche)
- Postfach der Eltern in der Kita (oder Fach des Kindes)

Transparenz startet jedoch auch bereits bei den Inhalten, mit denen Sie die **Außenwirkung** der Kita gestalten:

- Was steht am Eingang, was hängt bei Ihnen aus?
- Welche Informationen bekommen Eltern vor oder in der Kita?
- Was steht auf Ihrer Internetseite, in Ihrem Kita-Konzept oder in E-Mails von Ihnen?
- Wie formulieren Sie Sachverhalte?
- Über welche Themen sprechen Sie?
- Worüber berichten Sie nicht? (Auch das sagt etwas über Ihre Arbeit, die Haltung und die Atmosphäre in der Kita aus.)

Sie haben nicht über alles die Kontrolle und können nicht immer bestimmen, wie etwas interpretiert wird oder nach außen wirkt. Aber Sie können ganz **bewusst danach schauen**:

- Wo gibt es in der Kita Informationen?
- Was möchten Sie mit diesen Informationen transportieren?

In erster Linie zählen zu den **Trägern von Informationen** im Kita-Bereich vor allem:

- Elternbriefe und E-Mails
- Aushänge
- Internetauftritt
- Apps
- Präsentationen
- Feste
- Gespräche

Inhalte der Transparenz

Was soll ich bloß sagen/schreiben?

Bei Transparenz geht es nicht darum, dass Eltern Sie immer und überall sehen und man z. B. Videokameras in der Einrichtung installiert. Es geht vielmehr um eine **transparente Haltung**.

Für Eltern ist auch nicht in erster Linie wichtig, ob Sie einen guten Job machen. Sicher gehört das dazu, aber Eltern geht es vielmehr darum, wie es ihrem Kind geht.

Also zeigen Sie, was die Kinder in der Einrichtung machen, womit sie sich beschäftigen, was sie bewegt. Außerdem sind Berichte aus und rund um die Kita für Eltern interessant.

In der Kita passiert so viel. Als pädagogische Fachkraft sind Sie so sehr im Thema und in Ihrer Arbeit drin, dass Ihnen manchmal gar nicht so klar ist, was Sie präsentieren können. Sie stecken in Ihrer Arbeit drin. Nehmen Sie mal eine andere Perspektive ein. **Richten Sie den Blick von außen auf Ihren Arbeitsalltag.**

Um diesen Blick ein wenig zu erleichtern, finden Sie hier eine Liste mit Beispielen, die zeigen, **was sie alles nach außen transparent machen können**.

- **aktuelle Ereignisse**
  (z. B. Feste, Aktivitäten, Termine)
- **Themen**
  (die aktuell in der Kita oder der Gruppe behandelt werden, z. B.: „Derzeit beschäftigen wir uns mit dem Thema ‚Bienen'.")
- **Räume und Raumgestaltung**
  (z. B.: „In der Mini-Gruppe gibt es eine neue Kuschelecke.")
- **Informationen rund um die Kita/Gruppe**
  (z. B.: „Wir haben eine Baustelle vor der Tür." oder „Wir benötigen Malpapier.")
- **Entwicklungsprozesse der Kinder**
  (z. B.: „Die Kinder haben Freude an Schneideübungen.")
- **Personen/Personal**
  (z. B.: „Ab dem neuen Kita-Jahr haben wir einen Anerkennungsjahr-Praktikanten.")
- **Vorgehen**
  (z. B.: „In den nächsten Tagen werden wir mit den Kindern den Spielplatz besuchen, weil in unserem Außengelände der Sand ausgetauscht wird.")
- **Methoden**
  (z. B.: „Wir haben ein kleines Glöckchen, das immer läutet und das Signal zum Aufräumen gibt.")
- **Materialien**
  (z. B.: „Die Gruppe hat zu Weihnachten verschiedene Puzzle geschenkt bekommen.")
- **Raumgestaltung/Umgebung**
  (z. B.: „Um die Leseecke haben wir jetzt einen Vorhang, den wir je nach Bedarf öffnen oder schließen können, sodass die Kinder dort auch mal ungestört in den Büchern stöbern können und einen Rückzugsort haben.")
- **Strukturen**
  (z. B.: „Vor dem Essen starten wir gemeinsam mit einem kleinen Spruch: ‚Piep, piep, piep, wir haben uns alle lieb, einen guten Appetit'.")
- **Tages- und Wochengestaltung**
  (z. B.: „Die Vorschulkinder gehen immer am Freitagvormittag turnen.")
- **Beobachtungen**
  (z. B.: „Uns ist aufgefallen, dass die Kinder gern Musik mit Alltagsgegenständen machen.")
- **Konzeption**
  (z. B.: „In unserer Konzeption betonen wir auch immer wieder die Förderung der Selbstständigkeit der Kinder.")
- **häusliche Tätigkeiten**
  (z. B.: „Diese Woche haben wir zusammen mit den Kindern die Sofakissen gewaschen.")
- **Teamentwicklung**
  (z. B.: „Im Team beschäftigen wir uns derzeit mit dem Thema ‚Organisation'. Wir lernen, wie wir unsere Zeit effektiver nutzen können.")
- **Intentionen**
  (z. B.: „Auch wenn es etwas kälter wird, stellen wir den Kindern draußen Wasser zur Verfügung, weil sie damit wertvolle Sinneserfahrungen machen können.")
- **Ziele**
  (z. B.: „Wir möchten euch gern mehr am Kita-Geschehen teilhaben lassen.")
- **Inhalte**
  (z. B.: „Am Thema Bienen interessiert uns derzeit besonders die Bienenkönigin.")
- **Zeit**
  (z. B.: „Das gleitende Frühstück dauert ca. 1,5 Stunden.")

Inhalte der Transparenz

- **Veränderungen/Entwicklung**
  (z. B.: „Aufgrund der aktuellen Flüchtlingssituation haben wir uns dazu entschieden, in jeder Gruppe ein Kind mehr aufzunehmen.")
- **Förderung**
  (z. B.: „Wir haben den Kindern eine Schneidestation eingerichtet, an der sie ihre feinmotorischen Fähigkeiten üben können.")
- **Einbezug der Kinder**
  (z. B.: „Die Vorschulkinder sind jetzt dafür verantwortlich, regelmäßig mithilfe der Erzieher*innen das Altpapier wegzubringen.")
- **Planung**
  (z. B.: „Wir planen derzeit die Ausflüge der Vorschulkinder.")
- **Didaktik**
  (z. B.: „Bevor wir mit den Kindern einen Ausflug machen, besprechen wir mit ihnen relevante Verkehrsregeln.")
- **Wirkungen**
  (z. B.: „Die Puzzle-Bälle kommen sehr gut bei den Kindern an und bieten eine neue Herausforderung im Vergleich zu den klassischen Puzzeln.")
- **Fort- und Weiterbildungen**
  (z. B.: „Durch unsere Schulung in ‚Erster Hilfe am Kind' fühlen wir uns besser vorbereitet für den Ernstfall.")
- **Vorbereitungen**
  (z. B.: „Derzeit bereiten wir die Elterngespräche vor, wir sprechen Sie demnächst bezüglich eines Termins an.")
- **Zusammenarbeit mit anderen Institutionen**
  (z. B.: „Der Zahnmedizinische Dienst berät uns in Bezug auf die richtige Zahnpasta für die Kinder.")
- **Fragen**
  (z. B.: „Ist jemand von Ihnen handwerklich begabt und könnte sich mal unseren Einbauschrank anschauen, ob dieser noch zu reparieren ist?")

© Dragana Gordic – Shutterstock.com

Es gibt so viele Möglichkeiten, dass diese den Rahmen dieses Buches sprengen würden. Wenn Sie jedoch beginnen, mit offenen Augen durch Ihren Arbeitsalltag zu gehen und dazu eine „transparente Brille" aufsetzen, werden Ihnen diese „erzählwürdigen" Ereignisse immer mehr auffallen und bewusster werden.
Für Sie sind diese Dinge vielleicht selbstverständlich, für Außenstehende allerdings nicht.

Transparenz in der Praxis

Bei Transparenz geht es nicht darum, etwas Neues zu kreieren und das dann zu zeigen. Vielmehr geht es darum, zu **analysieren**, was bereits da ist, und das dann entsprechend zu präsentieren. Dafür kann Ihnen z. B. das Stellen dieser Fragen helfen:

- Was beschäftigt Sie in der Kita?
- Was für Materialien benutzen Sie derzeit?
- Welche Erfahrungen machen die Kinder?
- Welche Gespräche haben sich mit den Kindern ergeben?

Schauen Sie genau hin. Entwickeln Sie einen **Blick der Transparenz**. Das bedeutet, dass Sie eine **Metaebene** einnehmen und von außen auf Ihre Arbeit, das Erleben der Kinder und den Tag in der Kita schauen.
Begeben Sie sich auf die Suche nach Schätzen des Alltags und Situationen, von denen es spannende Dinge zu erzählen gibt. Es gehört zur Transparenz, einen entsprechenden Blick zu entwickeln und sich **mit offenen Augen im Kita-Alltag** zu bewegen, um die Dinge zu finden, die „erzählwürdig" sind. Vieles von dem, was Sie im Alltag tun, bleibt **für die Eltern unsichtbar**.

Beispiel

Kennen Sie das? In der Kita ist Erkan ganz offen, macht Späße und verhält sich laut. Begegnen Sie allerdings dem gleichen Erkan auf der Straße, verhält er sich dort plötzlich ganz schüchtern und versteckt sich hinter dem Bein seiner Mutter. Sie sind dieselbe Person, er ebenfalls, aber die Umgebung und die Situation der Begegnung ist eine völlig andere.

Wie das Beispiel von Erkan verdeutlicht, können Kinder in der Kita oft ein völlig anderes Verhalten zeigen als zu Hause.

Überlegen Sie mal ...

Was tun Sie zu Hause, das Sie niemals auf der Arbeit tun würden? Wie verhalten Sie sich auf der Arbeit und würden es zu Hause nicht tun? Ziehen Sie sich zu Hause die warmen, dicken Socken und eine Jogginghose an, während Sie auf der Arbeit nicht so leger gekleidet erscheinen?

Zu Hause kann man sich fallen lassen, auch mal in den Tag leben, den Feierabend auf der Couch genießen und seinen Gefühlen freien Lauf lassen. Zu Hause kann man sein, wie man ist. In unterschiedlichen Umgebungen verhalten wir uns jedoch unterschiedlich. Zu Hause wie zu Hause und auf der Arbeit wie auf der Arbeit. **Selbst wenn Eltern ihr Kind zu Hause kennen und erleben, so wissen sie nicht, wie sich ihr Kind in der Kita verhält.**

Eltern haben vielleicht eine grobe Vorstellung davon, wie es bei Ihnen in der Kita abläuft, was das Kind spielt und was einen Kita-Tag so ausmacht. Aber wirklich wissen tun sie es nicht. Auch lässt sich diese Situation des normalen Kita-Alltags nicht vergleichen mit der Eingewöhnung, in der die Eltern einen Teil mitbekommen. Eltern sind dann zwar anwesend, aber sehr mit dem Prozess der Eingewöhnung beschäftigt. Weiter ist die Eingewöhnung eine besondere Situation und zeigt ebenfalls nur einen Ausschnitt des Kita-Lebens.

Experimentieren Sie mal ...

Versuchen Sie, sich einmal das Zuhause von Eltern vorzustellen, eines, das Sie noch nie gesehen haben. Das funktioniert nicht richtig? Sie wissen vielleicht grob, dass es dort ein Bad, eine Küche und ein Kinderzimmer gibt, und vielleicht hat das Kind Ihnen mal von seinem Hochbett erzählt. Aber alles andere können Sie sich nur ausmalen.

Haben Sie schon mal durch Erzählungen und/oder Bilder ein wenig Einblick in das Zuhause eines Kindes bekommen?
Da fällt es schon leichter, sich Bilder im Kopf zu machen, richtig? Ein kleiner Film würde Ihnen noch mehr Eindrücke von dem Zuhause der Kinder präsentieren und Sie könnten sich ein sehr klares Bild davon machen. Aber erst wenn Sie dort mal einige Zeit verbracht haben, weil Sie z. B. die Familie besucht haben, dann wissen Sie: So sieht das Zuhause des Kindes aus, so wohnt das Kind. Doch auch bei dieser Vorstellung wissen Sie noch nichts aus dem **Alltagsleben des Kindes**. Sie wissen beispielsweise nicht:

- Welche Zubettgeh-Rituale hat die Familie?
- Was befindet sich im Kühlschrank?
- Was macht die Familie am Sonntagvormittag?

Auch wenn Sie das Zuhause des Kindes (also das Gebäude) kennen, wissen Sie kaum etwas über das Leben des Kindes dort und können darüber nur Vermutungen und Interpretationen anstellen.

Transparenz in der Praxis

Probieren Sie mal, ...

... dieses Bild auf die Kita zu übertragen!

Nur weil Eltern bei der Eingewöhnung waren oder Ihre Räumlichkeiten kennen, heißt das noch lange nicht, dass sie den Kita-Alltag in seinem vollen Umfang kennen.

Die Kita ist ein Ort, der sich ständig verändert

Gruppenzusammensetzungen, Personal, Raumgestaltung, Materialauswahl und vieles mehr wandelt sich mit der Zeit.
So wird das Bild, das sich Eltern während der Eingewöhnung gebildet haben, bald nicht mehr aktuell sein. Auch die Kinder werden älter, sie wachsen und verändern sich. Deswegen:
Erliegen Sie nicht der Illusion, dass Eltern wissen, was in der Kita läuft.
Aufgrund der Illusion der Transparenz (siehe Seite 25) neigen Sie dazu, das, was Sie kennen, sehen und wahrnehmen als selbstverständlich hinzunehmen. Und gehen davon aus, dass die Menschen um Sie herum das Gleiche sehen und wahrnehmen wie Sie.
Aber das stimmt nicht und das gilt auch für den Kita-Alltag. Denn **Wahrnehmung ist immer individuell** und wir können uns nur bis zu einem gewissen Punkt in andere Personen hineinversetzen.
Auch Eltern können dieser Illusion erliegen. Sie gehen davon aus, dass ihr Bild vom Kita-Alltag der Realität entspricht und denken vielleicht, dass jeder Tag so verläuft, wie sie es in der Eingewöhnung erlebt haben.

Als Erzieher*in wissen Sie es besser: **Kein Tag gleicht in der Kita einem anderen Tag.** Es gibt immer wieder neue Situationen, neue Herausforderungen und neue Überraschungen. Lassen Sie deshalb die Eltern daran teilhaben. Zeigen, berichten, dokumentieren Sie die Geschehnisse regelmäßig. Eventuell müssen Sie erst lernen, sich dafür zu **sensibilisieren**, was alles „erzählwürdig" ist. Dokumentieren Sie, was dokumentationswürdig ist. Diese Dokumentationen verarbeiten Sie und zeigen in einem nächsten Schritt den Eltern, was Sie daraus erkannt haben.
In erster Linie ist es immer eine gute Sache zu **visualisieren**. Dazu eignen sich vor allem Videos und Fotos, aber auch gemalte Bilder der Kinder, gebastelte Kunstwerke und Materialien. Weiter können Beschreibungen und Erzählungen sowie schriftliche Dokumentationen, Briefe und Texte eine Möglichkeit sein, den Kita-Alltag sichtbar zu machen.

In Kapitel 1 (siehe Seite 6) klang es bereits an:

Ziel der Transparenz ist es, ...

... Informationen zu bekommen, eine Grundlage für Entscheidungen zu haben, sich und andere zu schützen und einen Umstand zu verbessern, zu erleichtern oder zu beschleunigen.

Das zeigt schon, dass Transparenz nicht einseitig ist, sondern eine Form der Kommunikation, die es erfordert, das **Gegenüber miteinzubeziehen**. Deshalb überlegen Sie sich:

- → Welche Informationen soll Ihr Gegenüber bekommen?
- → Welche Informationen braucht Ihr Gegenüber, um aufgrund dessen Entscheidungen zu treffen? Wie können Sie diese Entscheidungsfindung positiv fördern?
- → Wie können Ihre Informationen dazu beitragen, dass Ihre Einrichtung ein sicherer Ort für Kinder und Eltern und natürlich auch alle Mitarbeiter*innen ist?
- → Wie können Sie die Informationen möglichst einfach, klar und verständlich vermitteln?

Transparenz in der Praxis

Beispiel

Sie haben eine Inhouse-Fortbildung und müssen für diesen Tag die Einrichtung schließen. Jetzt wissen Sie, dass viele Eltern ein Problem mit Schließtagen haben, da sie an diesen ihre Kinder selbst betreuen oder eine alternative Betreuung finden müssen. Überlegen Sie deshalb im Hinblick auf Transparenz:

1. **Welche Informationen sollen die Eltern bekommen?** Dazu gehören die Daten der Schließzeit, vielleicht auch das Thema der Fortbildung und warum Sie die Fortbildung machen.
2. **Welche Informationen brauchen die Eltern, um aufgrund dessen Entscheidungen zu treffen? Wie können Sie diese Entscheidungsfindung positiv fördern?** Natürlich benötigen die Eltern die Daten der Fortbildung, um sich um eine alternative Betreuung zu kümmern. Vielleicht brauchen sie die Infos auch frühzeitig, damit sie die Entscheidung in Ruhe regeln können. Außerdem könnte Ihnen helfen, zu wissen, warum die Fortbildung gut für die Kita ist.
3. **Wie können Ihre Informationen dazu beitragen, dass Ihre Einrichtung ein sicherer Ort für Kinder und Eltern und natürlich auch alle Mitarbeiter*innen ist?** Informationen schaffen Klarheit und damit Sicherheit. Vielleicht ist die Fortbildung hilfreich für die Mitarbeiter*innen oder verbessert die pädagogische Qualität der Einrichtung, dann vermitteln Sie das den Eltern.
4. **Wie können Sie die Informationen möglichst einfach, klar und verständlich vermitteln?** In diesem Beispiel kann ein mit Computer geschriebener Aushang, bei dem das Datum deutlich zu sehen ist, eine Möglichkeit sein. Unterstützen Sie das mit einer E-Mail, in der der Termin genannt wird, so können die Eltern diesen direkt im digitalen Kalender abspeichern. Besonders für Eltern mit Sprachbarriere ist es hilfreich, wenn Sie diese persönlich auf die Schließung hinweisen.

Im turbulenten Alltag ist es aber oft nicht so einfach, den Blick dafür zu bewahren, was sich dafür eignet, transparent gemacht zu werden. Ein paar Leitlinien dabei sind:

- ➔ **Wiederholen Sie sich!**
- ➔ **Benutzen Sie für die gleichen Dinge die gleichen Begriffe!** (Wenn Sie z. B. einen „pädagogischen Tag" in der Einrichtung haben, dann bezeichnen Sie ihn immer als „pädagogischen Tag", den „Newsletter" immer als „Newsletter" und den „Wochenrückblick" immer als diesen.)
- ➔ **Benutzen Sie immer die gleiche Gestaltung (also das gleiche Design)!** Das hilft, Ereignisse und Informationen besser einzuordnen. (Z. B. sollte der Newsletter weitestgehend gleich formal gestaltet sein, ebenso der Wochenrückblick.)
- ➔ **Seien Sie eindeutig!**
- ➔ **Beschreiben Sie genau, worum es geht!**
- ➔ **Drücken Sie sich klar, verständlich und eindeutig aus!**

Im Folgenden finden Sie einige praktische Hilfen zu diesen Themen:

- ➔ Sensibilisierung (siehe Seite 40)
- ➔ Fragebogen zur Transparenz (siehe Seite 41)
- ➔ Schreibwerkstatt: Aushang (siehe Seite 42/43)
- ➔ Visualisierungswerkstatt: Aushang (siehe Seite 44/45)
- ➔ Projekte transparent machen (siehe Seite 46)
- ➔ Materialien, Räume und Angebote transparent machen (siehe Seite 47/48)
- ➔ E-Mail-Werkstatt (siehe Seite 49–51)
- ➔ Übergabetafel für Tür-und-Angel-Gespräche (siehe Seite 52/53)

FRAGEBOGEN: Sensibilisierung

Nehmen Sie sich einmal eine Woche lang Zeit und achten Sie täglich auf einen anderen Aspekt Ihrer Arbeit. Dadurch können Sie Ihre Wahrnehmung dafür schulen, welche Schätze in Ihrem Alltag verborgen liegen, die Sie hervorheben und transparent machen können. Wechseln Sie sich im Team ab: Jede*r pädagogische Mitarbeiter*in kann an einem Tag der Woche die Beobachtung übernehmen und sich dazu Notizen machen. Diese können Ihnen dann als Material für Aushänge, E-Mails, Wochenrückblick, Newsletter u. Ä. dienen. Das könnte in einer Woche beobachtet werden:

1. **Montag – „Tagesablauf"**
   Betrachten Sie den Tagesablauf in der Kita. Machen Sie sich Notizen zu folgenden Fragen:
   ➔ Welche Rituale haben wir im Tagesablauf?
   ➔ Welche besonderen Ereignisse des Tages sind „erzählwürdig"?
   ➔ Welche Elemente aus dem Tagesablauf sind für die Kinder besonders wichtig und warum?

2. **Dienstag – „Raum"**
   Schauen Sie sich genau in der Kita und in Ihrem Gruppenraum um. Machen Sie sich Notizen zu folgenden Fragen:
   ➔ Was tun die Kinder in dem Raum oder in einer Ecke des Raumes?
   ➔ Warum ist dieser Raum/diese Ecke wichtig für die Entwicklung der Kinder?
   ➔ Was haben Sie sich bei der Gestaltung des Raumes gedacht?

3. **Mittwoch – „Spiel"**
   Beobachten Sie die Kinder oder eine kleine Kindergruppe und dabei besonders ihr Spiel. Machen Sie sich Notizen zu folgenden Fragen:
   ➔ Welche Spielthemen haben die Kinder derzeit?
   ➔ Was genau spielen sie?
   ➔ Welche Erfahrungen machen sie in diesem Spiel?
   ➔ Wie wird durch dieses Spiel ihre Entwicklung gefördert?

4. **Donnerstag – „Material"**
   Gibt es Spielzeuge, Geräte, Konstruktions- oder Bastelmaterialen, die Sie den Eltern einmal genauer zeigen könnten? Machen Sie sich Notizen zu folgenden Fragen:
   ➔ Mit welchen drei bis fünf Materialien beschäftigen sich die Kinder gerade häufiger?
   ➔ Welche Funktion hat jedes einzelne Material?
   ➔ Wie benutzen die Kinder es?
   ➔ Was wird im Umgang mit dem Material gefördert?

5. **Freitag – „Gesprächsthemen"**
   Konzentrieren Sie sich an diesem Tag auf die Gespräche. Machen Sie sich Notizen zu folgenden Fragen:
   ➔ Was erzählen die Kinder?
   ➔ Welche Gesprächsthemen gab es heute im Kita-Alltag, mit den Kindern, Kollegen*innen und Eltern?
   ➔ Für welche Präsentationsformen eignen sich die Themen besonders? Z. B. für Wochenrückblick, Aushang, E-Mail, Newsletter, Elternpost?

FRAGEBOGEN: Transparenz

An diesen Fragen können Sie sich orientieren, wenn Sie etwas transparent machen oder präsentieren möchten. Geeignet sind hierfür besonders z. B. E-Mails, Aushänge und Elternabende.

1. Welche Informationen braucht wer?

....

....

2. Was kann ich transportieren, um meinem Gegenüber eine Entscheidung zu ermöglichen oder zu erleichtern?

....

....

3. Wie kann ich diese Informationen möglichst einfach und klar kommunizieren?

....

....

4. Welche Art der Präsentation ist für diese Informationen am besten geeignet?

....

....

5. Wie übermittle ich am besten meine Informationen? Wo findet mein Gegenüber die Informationen?

....

....

6. Wie stelle ich sicher, dass mein Gegenüber die Informationen bekommt/liest/sieht?

....

....

7. Ist es passend, dass ich mein Gegenüber miteinbeziehe und, wenn ja, wie?
Wie motiviere ich mein Gegenüber dann, mitzumachen?

....

....

SCHREIBWERKSTATT:
Aushang (1/2)

Die richtigen Worte zu finden, ist nicht immer leicht. Hier finden Sie verschiedene Kategorien (z. B. Satzanfänge, Verben und Textinhalte), aus denen Sie sich Ihre Texte zusammenbasteln können, um schneller Aushänge, E-Mails u. a. schreiben zu können.

Beispiel: Aushang Wechselwäsche

Sie möchten die Eltern in einem Aushang beispielsweise informieren, dass sie passende Wechselsachen für ihre Kinder mitbringen.

Gehen Sie dabei wie folgt vor:

1. **Wählen Sie einen Satzanfang** (*z. B.:* „Bitte ...").
2. **Wählen Sie ein Verb** (*z. B.:* überprüfen).
3. **Beginnen Sie, zum Thema (Wechselwäsche) zu schreiben.**
   Z. B. so:
   „Bitte überprüfen Sie den Beutel mit der Wechselwäsche für Ihr Kind. Fragen Sie sich: Passen die Kleidungsstücke zur aktuellen Saison? Passen die Kleidungsstücke meinem Kind oder sind sie bereits zu klein? Ist genügend Wechselwäsche vorhanden (mind. 2 Teile pro Kleidungsstück)?"
4. **Schaffen Sie einen klaren Rahmen.**
   WAS soll BIS WANN und von WEM erledigt werden?
5. **Überprüfen Sie, ob alle relevanten Informationen vorhanden sind.**
6. **Fragen Sie sich, wie Sie fehlende Informationen am besten integrieren.**
   Wählen Sie auch hier wieder einen Anfang und ein Verb.
   Formulieren Sie z. B. so:
   „Die Mitarbeitenden freuen sich, wenn bis zum Ende der Woche alle Wechselbeutel wieder vollständig sind."

Der fertige Aushang kann dann so aussehen:

Liebe Eltern,
bitte überprüfen Sie den Beutel mit der Wechselwäsche für Ihr Kind.

Fragen Sie sich:
- → Passen die Kleidungsstücke zur aktuellen Saison?
- → Passen die Kleidungsstücke meinem Kind oder sind sie bereits zu klein?
- → Ist genügend Wechselwäsche vorhanden (mind. zwei Teile pro Kleidungsstück)?

Wir freuen uns, wenn bis zum Ende der Woche alle Wechselbeutel wieder vollständig sind.
Dankeschön.

SCHREIBWERKSTATT: Aushang (2/2)

Wortideen für den Aushang

Kategorie 1: Satzanfänge

- Gemeinsam ...
- Heute haben wir eine Bitte an Sie ...
- Wir möchten Ihnen mitteilen, dass ...
- Von besonderem Interesse ...
- Danke, dass Sie ...
- Uns beschäftigt derzeit ...
- Bei uns ...
- Die Kinder ...
- Die XY-Gruppe ... (z. B.: Vorschulkinder)
- Das Thema ...
- Heute ...
- An diesem Tag ...
- Diese Woche ...
- Aktuell ...
- Der Tag ...
- Die Woche
- Jetzt ...
- Als (erstes) ...
- Zuerst
- In der letzten Zeit ...
- Die letzten Tage ...
- Seit (einiger Zeit) ...
- In unserer Kita/Einrichtung ...
- Das Team/Kollegium ...
- Wir als Team ...
- Bitte ...
- Fragen (Sie) ...
- Ein Highlight ...

Kategorie 2: Adjektive

- spannend
- interessant
- lang/kurz
- schön
- begeistert
- voll
- bunt
- aufregend
- einmalig
- neugierig
- freudig
- viel/wenig
- liebevoll
- anstrengend
- kraftvoll
- fantasievoll
- kreativ
- vollständig/komplett
- facettenreich
- individuell
- verwundert
- erstaunt
- konzentriert
- geduldig
- mutig
- groß/klein
- vielfältig
- einzigartig
- neu/alt

Kategorie 3: Verben

- erzählen
- erfahren
- lernen
- staunen
- entdecken
- erkunden/erproben/probieren
- erforschen
- beobachten
- inspizieren
- feststellen
- einhalten
- schauen (anschauen)
- spielen
- erleben
- spüren
- kennenlernen
- wissen
- aneignen
- anregen
- motivieren
- mögen
- freuen
- interessieren
- überraschen
- aufspüren
- ermitteln
- (heraus)finden
- testen
- versuchen
- überprüfen
- untersuchen
- mitteilen
- informieren
- experimentieren

VISUALISIERUNGSWERKSTATT:
Aushang (1/2)

Das, was Sie geschrieben haben, sollte auch entsprechend präsentiert und visualisiert werden. Denn Menschen schließen automatisch von der Qualität der Gestaltung auf die Qualität der Arbeit. Hier finden Sie zwei Beispiele: zum einen, wie Sie Ihren Text besser nicht aushängen, und zum anderen, wie Sie es besser machen.

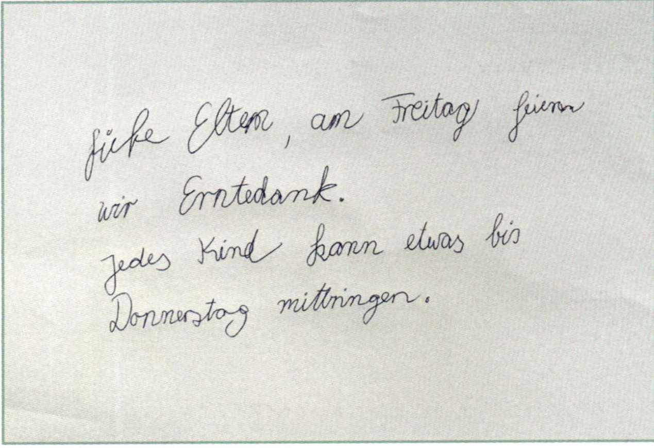

Liebe Eltern, am Freitag feiern wir Erntedank.
Jedes Kind kann etwas bis Donnerstag mitbringen.

Aushang „handschriftlich" und „falsch"

- ➜ von Weitem nicht so gut zu erkennen
- ➜ kann leicht übersehen werden
- ➜ keine bildliche Unterstützung
- ➜ keine Hervorhebung
- ➜ schlecht lesbar

Liebe Eltern,
am **Freitag** feiern wir mit den Kindern das **Erntedankfest**.

Dazu **frühstücken** wir gemeinsam in der Gruppe. Jedes Kind wählt aus, was es dazu beitragen möchte. Bringen Sie dies bitte bereits am Donnerstag mit, damit wir frühzeitig alles vorbereiten können.

Illustrationen: Anja Boretzki

Aushang „ansprechend" und „richtig"

- ➜ auch von Weitem zu erkennen
- ➜ fällt auf
- ➜ bildliche Unterstützung
- ➜ Hervorhebungen im Text
- ➜ klare, leicht lesbare Schrift

VISUALISIERUNGSWERKSTATT: Aushang (2/2)

Checkliste für eine „leserfreundliche“ Gestaltung:

1. Dem Aushang eine **klare Überschrift** geben, die aussagt, worum es geht. So können Eltern bereits beim Lesen der Überschrift feststellen, ob die Information für sie relevant ist. (Bei sehr langen Texten lohnt es sich, den Text aufzuteilen und auch Unterüberschriften festzulegen.)

2. Einen **Zeilenabstand** von 1,5 benutzen, damit man beim Lesen nicht so schnell in den Zeilen verrutscht. (Erhöht auch die Lesegeschwindigkeit.)

3. Die **Schriftgröße** sollte mindestens 12 Punkt betragen. Das gilt für E-Mails, Briefe und Ähnliches, also Lesematerial. Bei Aushängen braucht es generell eine größere Schrift, sodass man diese auch noch lesen kann, wenn man einen Schritt davon entfernt steht. (Zum Test in der Word-Datei „100 Prozent“ einstellen und mit dem Stuhl ein bis zwei Schritte nach hinten rutschen. Ist die Schrift noch gut lesbar?)

4. Eine **gut lesbare Schriftart** wählen. Es geht um Informationsvermittlung. Wenn die Eltern erst entziffern müssen, was auf dem Aushang steht, wird die Aufmerksamkeit von der eigentlichen Information abgelenkt. (Im Fließtext hilft eine Serifenschrift, z. B. „Times New Roman“, da Serifen das Auge beim Lesen unterstützen. Ein wenig unterschiedliche Gestaltung ist bei der Schrift erlaubt, dann aber eher bei der Überschrift. Nutzen Sie für ein Dokument maximal zwei verschiedene Schriftarten.)

5. Die wichtigsten Punkte durch **Unterstreichen, Markierung oder Fettschrift** hervorheben, damit der Text beim erneuten Lesen nach den wesentlichen Informationen „gescannt“ werden kann. (Wollen die Eltern z. B. nur noch einmal das Datum wissen, müssen sie nicht erneut den ganzen Text lesen, sondern finden diese wichtige Information sofort.)

6. Auf **Kontraste** achten, z. B. nicht bunte Schrift auf buntes Papier setzen. Sondern lieber dunkle Schrift auf helles Papier. Maximal zwei Farben verwenden: Weniger ist mehr! Schwarz oder Anthrazit kann noch dazugenommen werden.

7. Lange Texte mit **Zwischenüberschriften, Stichpunkten und Bildern** auflockern. Keinen Blocksatz verwenden, da dadurch seltsame Lücken entstehen können. „Zentriert“ nur bei kurzen Texten verwenden.

8. **Bilder, bildliche Elemente** und Co sparsam verwenden. Darauf achten, dass diese den Text unterstreichen. Der Text und wichtige Informationen aus dem Text sollten hervorstechen und ins Auge fallen und nicht die bunte Gestaltung, auch hier gilt: Weniger ist mehr!

ÜBERSICHT:
Projekte transparent machen

Hier haben Sie eine Übersicht darüber, was Sie alles transparent machen können, wenn Sie ein Projekt präsentieren möchten.
Benutzen Sie diesen Bogen, um sich bereits während des Projektes Notizen zu machen.
Bedenken Sie, dass Sie nicht alles von diesen Inhalten zeigen müssen, sondern sich das, was am besten zu Ihrem Projekt passt, heraussuchen.

<table>
<tr><td colspan="2">Wann startete das Projekt?*</td><td rowspan="3">Was war der Anlass für das Projekt?</td></tr>
<tr><td colspan="2">Wann endete das Projekt?*</td></tr>
<tr><td colspan="2">Wie lange ging das Projekt?*</td></tr>
<tr><td>Welches Material wurde benutzt?</td><td>Wer war beteiligt?</td><td>Was waren die Inhalte/Themen des Projektes?</td></tr>
<tr><td>Was haben die Kinder gelernt/erfahren/entdeckt/beobachtet?</td><td>Was war das Ziel des Projektes? Wurde es erreicht?</td><td>Welche Randthemen oder neue Ideen haben sich aus dem Projekt ergeben?</td></tr>
</table>

(*Sie können hier die genauen Daten verwenden oder grobe Angaben machen, z. B. den Monat oder die Jahreszeit.)

ARBEITSBLATT: Materialien, Räume und Angebote transparent machen

Ob im Wochenrückblick, im Newsletter oder als Aushang – stellen Sie den Eltern ab und zu Aktivitäten, Materialien oder pädagogische Methoden vor. Es fällt Ihnen leichter, sich etwas vorzustellen, wenn Sie dazu Kategorien vorab entwickelt haben (s. u.).

Beispiel: Zahlentreppe

Die Zahlentreppe ist mit Zahlen und Würfelaugen beschriftet. Jede Stufe hat ihre eigene Zahl.
Die Kinder können die Stufen hoch- oder runtergehen und dabei zählen. Auch die einzelnen Würfelaugen lassen sich zählen. Die Treppe motiviert die Kinder, sich spielerisch mit Zahlen auseinanderzusetzen. Sie bekommen so ein erstes mathematisches Verständnis für Zahlen und Mengen. Gern laufen die Kinder die Treppe rauf und runter und zählen die Stufen und damit die Zahlen vorwärts und rückwärts. Sie überlegen sich, welche Zahlen noch auf den Stufen fehlen und wie man das mit Würfelaugen darstellen kann.

Auf Seite 48 finden Sie eine Kopiervorlage mit verschiedenen Kategorien, die Ihnen eine übersichtliche Präsentation des ausgewählten Materials, Raumes oder Angebotes ermöglicht.
Bezogen auf das Beispiel „Zahlentreppe" könnte die Vorlage folgendermaßen ausgefüllt werden:

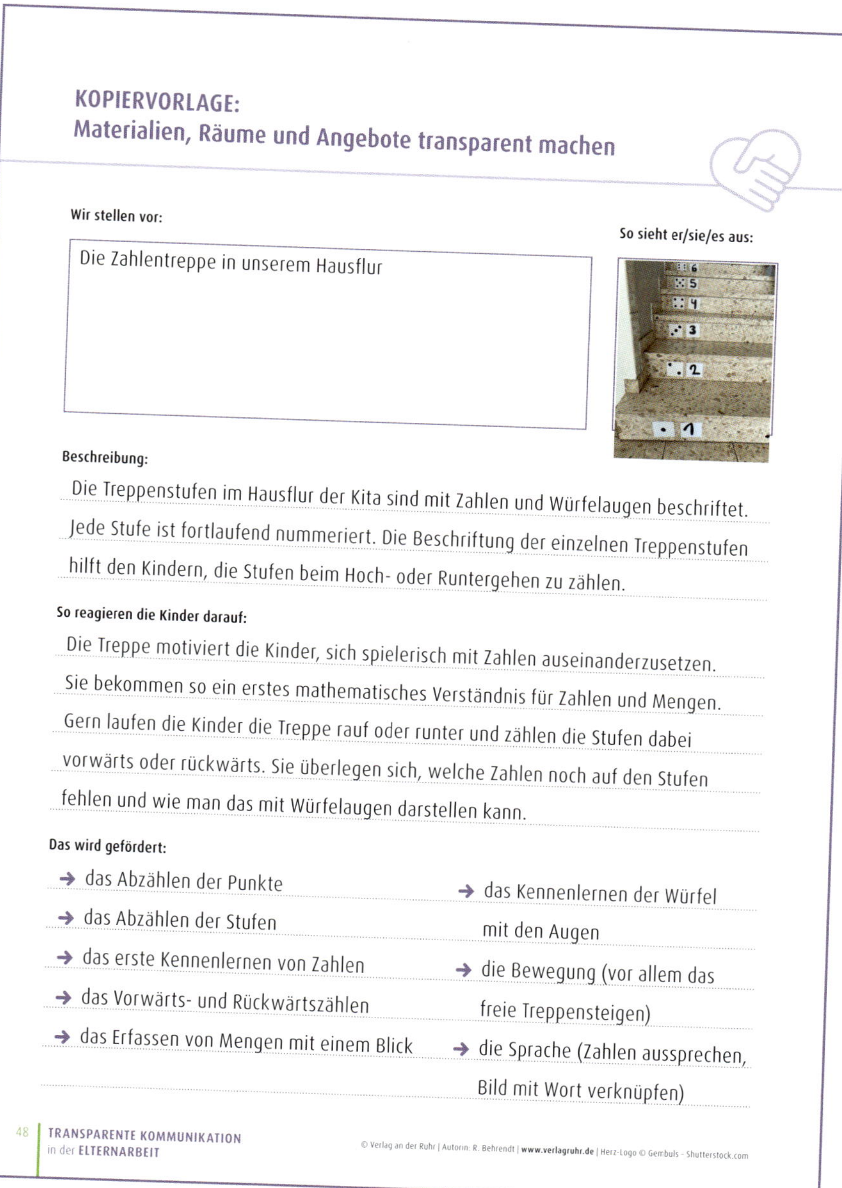

KOPIERVORLAGE:
Materialien, Räume und Angebote transparent machen

Wir stellen vor:
Die Zahlentreppe in unserem Hausflur

So sieht er/sie/es aus:

Beschreibung:
Die Treppenstufen im Hausflur der Kita sind mit Zahlen und Würfelaugen beschriftet. Jede Stufe ist fortlaufend nummeriert. Die Beschriftung der einzelnen Treppenstufen hilft den Kindern, die Stufen beim Hoch- oder Runtergehen zu zählen.

So reagieren die Kinder darauf:
Die Treppe motiviert die Kinder, sich spielerisch mit Zahlen auseinanderzusetzen. Sie bekommen so ein erstes mathematisches Verständnis für Zahlen und Mengen. Gern laufen die Kinder die Treppe rauf oder runter und zählen die Stufen dabei vorwärts oder rückwärts. Sie überlegen sich, welche Zahlen noch auf den Stufen fehlen und wie man das mit Würfelaugen darstellen kann.

Das wird gefördert:
- das Abzählen der Punkte
- das Abzählen der Stufen
- das erste Kennenlernen von Zahlen
- das Vorwärts- und Rückwärtszählen
- das Erfassen von Mengen mit einem Blick
- das Kennenlernen der Würfel mit den Augen
- die Bewegung (vor allem das freie Treppensteigen)
- die Sprache (Zahlen aussprechen, Bild mit Wort verknüpfen)

48 | TRANSPARENTE KOMMUNIKATION in der ELTERNARBEIT

© Verlag an der Ruhr | Autorin: R. Behrendt | www.verlagruhr.de | Herz-Logo © Gembuls - Shutterstock.com

KOPIERVORLAGE:
Materialien, Räume und Angebote transparent machen

Wir stellen vor:

So sieht er/sie/es aus:

Beschreibung:

....

....

....

So reagieren die Kinder darauf:

....

....

....

....

....

Das wird gefördert:

....

....

....

....

....

....

ARBEITSBLATT:
E-Mail-Werkstatt (1/3)

Hier finden Sie Tipps für Ihre E-Mail-Kommunikation mit den Eltern.

E-Mails richtig schreiben

- ➔ Eine E-Mail besteht aus Einleitung, Informationen zum Thema und einem Schluss.
- ➔ Halten Sie Einleitung und Schluss so kurz wie möglich, denn in der heutigen Zeit hat niemand Zeit, sich alles durchzulesen.
- ➔ Versuchen Sie, sich kurzzufassen und sich klar auszudrücken. Vermeiden Sie negative Äußerungen.

Beispiel E-Mail-Texte

Lesen Sie die folgenden beiden E-Mail-Texte (siehe Seite 50 und 51). Versuchen Sie, sich in die Rolle eines Elternteils zu versetzen und beantworten Sie für jeden E-Mail-Text einzeln diese Fragen:

1. Was denken Sie, nachdem Sie den E-Mail-Text gelesen haben?

....

....

....

2. Wie fühlen Sie sich?

....

....

....

3. Was denken Sie über die pädagogische Fachkraft, die das geschrieben hat?

....

....

....

4. Was glauben Sie, wie es dem Kind in der Einrichtung geht?

....

....

....

ARBEITSBLATT:
E-Mail-Werkstatt (2/3)

E-Mail 1

Neue Nachricht

An

Betreff

Liebe Eltern,

leider schaffe ich es erst jetzt, Sie über unsere aktuelle Situation zu informieren. Da ich die Tage in den Gruppen aushelfen musste und nicht im Büro sein konnte, geht diese E-Mail später an Sie raus, als es geplant war.
Seit Langem ist es nun so, dass unser Personal an seine Grenzen kommt und schon erste Stresssymptome zeigt. Denn aufgrund der Krankheitswellen haben wir das Problem, immer wieder unterbesetzt zu sein, und fragen uns, ob wir unter diesen Umständen die Öffnungszeiten der Kita derzeit aufrechterhalten können.
Immer wieder kommen Kinder mit Symptomen in die Kita, die besser zu Hause bleiben und sich auskurieren sollten. Die Bakterien verteilen sich unter Kindern schnell und auch die Mitarbeiter*innen stecken sich an.

Ich möchte Ihnen jetzt keine Bauchschmerzen bereiten und weiß, dass für Sie die Situation auch sehr schwierig ist. Aber bringen Sie Ihre Kinder möglichst nicht in die Kita, wenn sie krank sind und sich nicht gut fühlen.
Lange hält mein Team das nicht mehr durch und im schlimmsten Fall müssen wir Notgruppen einrichten oder sogar die Kita schließen. Leider kann ich da auch nicht viel machen und hoffe, dass Sie mir diese E-Mail nicht übel nehmen.
Unter diesen Umständen können natürlich besondere Angebote wie „Turnen“ oder „Vorschule“ nicht stattfinden und entfallen leider.
Ich hoffe, dass wir nun aus dieser Krankheitswelle herauskommen und keine Mitarbeiter*innen mehr erkranken und wir schnell wieder einen normalen Betrieb gewährleisten können.

Da ich nicht täglich im Büro bin, werde ich die E-Mails nicht sofort beantworten können. Sollte es neue Informationen geben, melde ich mich so schnell wie möglich bei Ihnen,

Liebe Grüße Frau Mustermann (Leitung Kita Musterstadt)

Senden

Fazit

- ➔ zu lange Einleitung
- ➔ zu langer Schluss
- ➔ viel Irrelevantes
- ➔ negative Formulierungen
- ➔ schlechter Appell an Eltern
- ➔ versteckte Schuldzuweisungen

ARBEITSBLATT: E-Mail-Werkstatt (3/3)

E-Mail 2

Neue Nachricht

An ______________________________

Betreff ______________________________

Liebe Eltern,

leider hat uns die Krankheitswelle erfasst. Das Team versucht mit vereinten Kräften, den Kita-Betrieb so normal wie möglich zu gestalten, trotz Personalausfällen. Auch viele Kinder hat es erwischt und ich danke Ihnen, dass Sie Ihr Kind bei Krankheitssymptomen zu Hause lassen. Es tut den Kindern gut, wenn sie sich zu Hause auskurieren und erholen können.
Solange wir es personell bewerkstelligen können, lassen wir die Kita normal geöffnet. Aber zugunsten der Mitarbeiter*innen kann es sein, dass wir im Notfall die Betreuungszeiten verkürzen oder aber Notgruppen einrichten müssen.

Deshalb die Bitte an Sie, dass Sie, wenn es Ihnen möglich ist, im Notfall die Kinder selbst betreuen.
Als Eltern meistern Sie jeden Tag die Herausforderung und ich bin dankbar, dass ich auf Ihre Unterstützung zählen kann.
Sollte es Schwierigkeiten mit der Betreuung geben, sprechen Sie uns gern an und wir finden individuelle Lösungen.

Ich bin mir sicher, dass wir gemeinsam gut durch diese Zeit hindurchkommen,
mit herzlichen Grüßen Frau Mustermann, Leitung Kita Musterstadt

Senden

Fazit

- → positive Darstellung des Teams
- → aktive Problemlösung wird aufgezeigt
- → kommt sofort zum entscheidenden Punkt
- → klare und höfliche Formulierung, wie Eltern sich verhalten können
- → Eltern für Mitwirkung danken (sie wertschätzen)
- → Möglichkeit für direkte Kommunikation bieten
- → Gemeinschaftsgefühl stärken (mit Eltern auf Augenhöhe)

ARBEITSBLATT:
Übergabetafel für Tür-und-Angel-Gespräche

Wie oft vergessen Sie, Eltern Informationen weiterzugeben? Oder die Eltern fragen, ob etwas Besonderes war, und Sie antworten einfach nur mit: „Nein".

Beginnen Sie, die Eltern aktiv über Besonderheiten des Tages in Kenntnis zu setzen. Die Eltern haben ein Recht darauf, zu erfahren, wie es ihrem Kind in der Einrichtung geht und was es dort erlebt. Benutzen Sie als Dokumentierungshilfe die Tabelle aus der Kopiervorlage (siehe nächste Seite). Tragen Sie dort in die erste Spalte die Namen der Kinder ein. Hängen Sie dann diese Liste neben der Tür auf, bei der die Kinder abgeholt werden. Sollten Sie während der Abholzeit draußen sein, nehmen Sie die Liste mit. Tragen Sie in die entsprechende Zeile des Kindes Informationen ein, die Sie den Eltern mitgeben möchten.

Z. B.:

- → **Alexandra:** Hat sich den Kopf an der Heizung gestoßen, 11:30 Uhr gekühlt.
- → **Benjamin:** Braucht noch Gummistiefel.
- → **Adam:** Heute zum ersten Mal „Auto" gesagt.
- → **Theodor:** Nur 30 Minuten geschlafen.

Die Liste ist besonders wertvoll, wenn Sie Kinder aus einer anderen Gruppe während der Abholphase mitbetreuen. Denn sie gibt Ihnen eine gute Übersicht und Gesprächsanlässe für die Abholzeit.

Hinweis

Achten Sie aber unbedingt im Sinne der DSGVO darauf, dass die Übergabetafel-Liste nicht von Eltern eingesehen werden kann und diese so Informationen zu anderen Kindern bekommen, die sie nicht erhalten dürfen.

Ein paar Tipps dazu

1. Machen Sie einen Haken hinter den Namen der Kinder, die nicht anwesend oder bereits abgeholt sind. So haben Sie auch einen Überblick darüber, wer noch da ist.
2. Notieren Sie die Dinge so, dass es auch Ihre Kollegin oder Ihr Kollege versteht, ohne nachfragen zu müssen.
3. Nutzen Sie die Übergabetafel nicht nur für Informationen, sondern auch für kleine Anekdoten aus dem Kita-Alltag: Beobachten Sie eine lustige Begebenheit, die Sie mit dem Kind hatten, etwas Besonderes, was das Kind an diesem Tag gemacht oder gesagt hat oder womit es die meiste Zeit verbracht hat.
   Schreiben Sie solche Situationen auf und versuchen Sie, für jedes Kind die Zeile zu füllen, bevor es abgeholt wird. So geben Sie den Eltern einen kleinen Einblick in den Kita-Alltag.

KOPIERVORLAGE:
Übergabetafel

Name des Kindes	Information bei Abholung

KAPITEL 3

Der WOCHENRÜCKBLICK als Beispiel für TRANSPARENZ in der Kita

© LightField Studios - Shutterstock.com

Der Wochenrückblick ist ein gutes Instrument, um Ihre Arbeit transparent zu machen, professionell darzustellen und interessante Aspekte für die Eltern bereitzuhalten.

Aber vielleicht kennen Sie in Bezug auf den **Wochenrückblick auch die folgende Situation:**

Am Ende eines Tages oder der Woche stellen Sie erschrocken fest, dass Sie den Wochenrückblick noch nicht geschrieben haben. Schnell überlegen Sie, was denn so war, schlagen im Kalender nach und saugen sich ein paar Wörter aus dem Fingern, um diese Arbeit abhaken und aushängen zu können.

- ➔ Haben Sie das Gefühl, dass Sie letztlich immer dasselbe schreiben?
- ➔ Wissen Sie oft nicht, wie Sie den Wochenrückblick füllen sollen?
- ➔ Haben Sie das Gefühl, dass der Rückblick von den Eltern kaum beachtet wird, und überlegen Sie, wie Sie den Wochenrückblick interessanter gestalten können?

Mit den Antworten auf diese Fragen beschäftigt sich dieses Kapitel. Es hilft Ihnen dabei, einen Wochenrückblick zu etablieren oder Ihren bereits vorhandenen Wochenrückblick auf das nächste Level zu heben. Mit den Vorlagen und Tipps sparen Sie Zeit und wissen immer, was Sie schreiben können.

Die Möglichkeiten des Wochenrückblicks

Was ist ein Wochenrückblick?

Der Wochenrückblick ist eine Methode, um den Kita-Alltag transparent zu machen. Dabei wird **die Woche im Rückblick** betrachtet und Ereignisse, Situationen und Gegebenheiten aus dieser vorgestellt.
Der Rückblick ist in erster Linie ein **Kommunikationsmittel** für die Eltern. Das kann in schriftlicher oder bildlicher Form geschehen. Meist ist der Wochenrückblick in Form eines Aushangs im Eingangsbereich der Kita oder der Gruppe angebracht. Aber auch das Verschicken per E-Mail oder die Darstellung in einer App ist heutzutage möglich.

Info zum Wochenrückblick

Entsprechend dem Konzept der Kita (mit offenen oder geschlossenen Gruppen oder als teiloffene Kita), ist der Wochenrückblick den Gegebenheiten angepasst.
Eine offene Kita hat meist den Rückblick der gesamten Kita ausgehängt (in dem die einzelnen Bereiche/Räume betrachtet werden), während geschlossene Gruppen ihren Wochenrückblick an der Gruppentür oder dem Eingang aushängen.

© Pheelings media – Shutterstock.com

Wozu dient der Wochenrückblick?

Mit dem Wochenrückblick können mehrere Ziele verfolgt werden. Das wohl wichtigste Ziel ist, dass Eltern **Einblicke in den Kita-Alltag** gegeben werden. Aber ebenso die **Reflexion der eigenen Arbeit** und der **Einbezug der Kinder** können Ziele sein. Die Vielfalt und die Möglichkeiten des Wochenrückblicks sind mehr, als man auf den ersten Blick denkt. Somit ist der Wochenrückblick ein Instrument, das verschiedene Bereiche der pädagogischen Arbeit umfasst, wie sich im Laufe des Kapitels noch zeigen wird.

Im Kita-Alltag ergeben sich vielfältige Themen, die erzählenswert sind und damit nicht nur Ihre Arbeit, sondern auch die Entwicklung der Kinder zeigen. Das sind **kleine Schätze im Alltag**. Mit dem Wochenrückblick können Sie diese Schätze festhalten und sichtbar machen.
Erzählenswerte Themen benötigen einen Rahmen, in dem sie präsentiert werden. Der Wochenrückblick ist ideal dafür.

Der Einsatz eines Wochenrückblicks lohnt sich besonders, wenn Sie diesen **bewusst und gezielt** einsetzen. Es geht nicht darum, schnell etwas aufzuschreiben, damit die Eltern etwas zu lesen haben, oder nur um zu zeigen, dass Sie Ihre Arbeit machen, nach dem Motto „Hauptsache, irgendetwas steht drauf". Wenn Sie sich schon die Mühe und die Arbeit machen, einen Wochenrückblick zu erstellen, dann **schöpfen Sie sein Potenzial voll aus**, denn sonst ist es schade um die Zeit, die Sie investieren. Natürlich gibt es Tage, an denen es schnell gehen muss, oder Wochen, in denen Sie nur ein paar Sätze schreiben. Das ist völlig in Ordnung und oft aufgrund von Zeit- und Personalmangel nötig.

Hinweis

Erinnern Sie sich regelmäßig daran, dass das Ziel des Wochenrückblicks ist, die Woche Revue passieren zu lassen, den Eltern Einblick in den Kita-Alltag zu geben und Ihre pädagogische Arbeit und die Bildung der Kinder transparent zu machen.

Die Möglichkeiten des Wochenrückblicks

Wochenrückblick statt Wochenplan?

In erster Linie sind Wochenplan und Wochenrückblick **zwei verschiedene Instrumente**. Bei einem Wochenplan planen Sie, wie es der Begriff ausdrückt, eine Woche. Sie überlegen sich, wie Sie die Woche gestalten möchten, was ansteht und umgesetzt werden sollte. Das können z. B. sein:

- pädagogische Angebote,
- Raumgestaltung,
- Themen,
- Beobachtungen und Dokumentationen,
- Anlässe (z. B. Feste),
- Organisatorisches.

Beim Wochenrückblick schauen Sie zurück und erzählen, was sich in der Kita ereignet hat. Das können die Elemente aus der Planung sein, aber auch Unvorhergesehenes, **spontane Ideen** und Situationen, die Sie nicht geplant hatten – eben diese Schätze des Alltags, die bei der Planung keine Berücksichtigung finden können.

Wochenplan vs. Wochenrückblick

Ein Wochenrückblick und ein Wochenplan sind zwei völlig verschiedene Instrumente, die aber gut miteinander kombiniert werden können. Inhaltlich kann sich beides überschneiden. Was sie trennt, ist der zeitliche Aspekt. Der Plan wird vor einer Woche gemacht, der Rückblick nach einer Woche.

Warum kann es sinnvoll sein, einen Wochenrückblick statt eines Wochenplans zu erstellen, vor allem im **Zusammenhang mit Transparenz**?
Wenn Ihr Ziel ist, den Eltern Ihre Arbeit und das Geschehen im Kita-Alltag zu zeigen, dann hat der Wochenrückblick dem Wochenplan gegenüber gleich mehrere Vorteile:

1. Wenn bei einem Plan etwas nicht realisiert wird, muss man sich dafür rechtfertigen. Das wirkt sehr negativ: „Leider konnten wir ... nicht umsetzen, weil ..."
2. Wenn Sie hingegen einfach berichten, was in der Woche so passiert ist, dann ist das ein Bericht von vielen Situationen: „Wir haben ... gemacht und ... und ...", was viel positiver wirkt.
3. In der Woche ergeben sich viele spontane Situationen, richtige Bildungs- und Entwicklungsschätze, die nicht geplant und deshalb erst im Nachhinein erzählt werden können. Diese fehlen in einem Plan und werden auch so nicht sichtbar.
4. Durch die Reflexion fallen Ihnen Themen der Kinder auf, Sie nehmen bewusst wahr, was im Alltag passiert ist, und können diese Erkenntnisse auch für die Gestaltung der kommenden Woche verwenden.

Natürlich können Sie beides machen, denn die **Kombination von beidem** bietet Ihnen die Instrumente, die Sie im Alltag brauchen. Die beiden Instrumente ergänzen sich optimal.
Der Vorteil beim Wochenrückblick ist, dass Sie viele unterschiedliche Aspekte beleuchten können und so auch Bildungs- und Entwicklungsthemen sowie Ereignisse berichten können, die nicht geplant waren. Der Wochenrückblick bietet Ihnen mehr Raum für alle Aspekte des pädagogischen Alltags.

Hinweis

Wenn Sie sich aus Zeitgründen für ein Instrument entscheiden müssten, dann wählen Sie den Wochenrückblick statt des Wochenplans. Denn aus dem Wochenrückblick kann sich automatisch die Planung ergeben.

Ein Aspekt, den ein Wochenrückblick Ihnen nicht bietet, ist **„Orientierung"**. Kinder lieben es, wenn sie wissen, was auf sie zukommt.
Auch Eltern mögen Pläne, weil sie dann ihre Kinder auf bevorstehende Ereignisse vorbereiten können. Außerdem vermittelt ihnen eine Planung das Gefühl, dass Sie eine Vorstellung davon haben, was Sie mit den Kindern machen, dass Sie wirklich arbeiten und den Kindern etwas anbieten. Den zweiten Aspekt erreichen Sie auch, indem Sie diese Dinge im Rückblick einfließen lassen.
Die Planung können Sie theoretisch in den Wochenrückblick integrieren oder zusätzlich zum Wochenrückblick gestalten. Ideen dazu finden Sie auf Seite 84.

Die Möglichkeiten des Wochenrückblicks

Gestaltungsmöglichkeiten für den Wochenrückblick

Die Woche auf einen Blick

Üblicherweise wird die Woche auf einen Blick dargestellt. Ziel ist es, den Eltern in Form eines Aushangs die **Kita-Woche** zu zeigen.

Dabei kann die Woche eingeteilt werden in:
- einzelne Tage (z. B. Montag, Dienstag ...)
- Zeiten (z. B. Morgenkreis, Mittagessen, Freispiel ...)
- wer berichtet (z. B. Pädagog*innen oder Kinder)
- Spielbereiche (z. B. Bauecke, Maltisch ...)
- Kategorien (z. B. Aktivitäten, Neuigkeiten, Thema ...)

Tipp

Nutzen Sie für den Wochenrückblick möglichst immer denselben Platz, sodass Eltern diesen schnell finden. Als Ort eignet sich vor allem der Bring- und Abholbereich. Während Eltern auf ihr Kind warten, können sie die Wartezeit nutzen und sich die Erzählungen aus dem Wochenrückblick anschauen und sie lesen.

Wie lassen sich Wochenrückblicke gestalten?
Der Gestaltung sind keine Grenzen gesetzt:
- auf einem großen Blatt (laminiert)
- fünf Blätter: je eins für einen Tag
- auf einer Tafel, einem Whiteboard, einer Pinnwand
- integriert im Wochenplan
- digital (per E-Mail oder in einer App)

Tipp

Wenn der Wochenrückblick Informationen für die Kinder enthalten soll, dann gestalten Sie den Rückblick visueller. Geben Sie den Wochentagen z. B. Farben oder Symbole.

Die Rahmenbedingungen des Wochenrückblicks

Beim Wochenrückblick denkt man zunächst an eine Woche. Wenn Ihnen die Frequenz der wöchentlichen Berichterstattung zu viel ist, dann beginnen Sie mit einem **Monatsrückblick**. Auch ein 14-tägiger Rückblick ist möglich.
Sie können den Wochenrückblick am Ende der Woche schreiben und **wöchentlich** aufhängen oder aber **täglich** den Wochenrückblick ergänzen und ihn so über die Woche wachsen lassen.
Sollten Sie noch andere Berichte schreiben, wie z. B. einen Newsletter (bzw. einen regelmäßigen Elternbrief), dann machen Sie sich Gedanken darüber, **welche Inhalte** in den Wochenrückblick und welche in den Newsletter kommen.
Bilder sagen mehr auf einen Blick als ein geschriebener Text. Um Bilder in den Wochenrückblick zu integrieren, ist es die einfachste Methode, sich einen **digitalen Bilderrahmen** anzuschaffen. Nicht nur für die Eltern sind Fotos aus der Woche oder von einem Projekt ein Blickfang, auch Kinder lieben es, diese zu betrachten.
Da können Sie die Bilder durchlaufen lassen und haben nicht so viel Aufwand, wie wenn Sie alle Fotos ausdrucken. (Das geht aber natürlich auch.)
Damit Sie diesen Aufwand dauerhaft klein halten, orientieren Sie sich an diesem einfachen Arbeitsablauf:

1. Fotos aufnehmen
2. Fotos präsentieren
3. Fotos abspeichern

Diese drei Schritte laufen jede Woche, aber für andere Fotos ab. Das folgende Beispiel veranschaulicht das Vorgehen, dass sich am ehesten anbietet, wenn man den Wochenrückblick wöchentlich für die letzte Woche aushängt:

Beispiel

In Woche 1 nehmen Sie die Fotos auf (z. B. mit einer Digitalkamera).
In Woche 2 präsentieren Sie die Fotos aus Woche 1 (z. B. im digitalen Rahmen) und nehmen gleichzeitig bereits neue Fotos auf.
In Woche 3 speichern Sie die Fotos der Woche 1 ab, präsentieren die Fotos der Woche 2 und nehmen die Fotos der Woche 3 auf.

Verwenden Sie für diese Methode 3-mal dasselbe Speichermedium (z. B. Speicherkarte) oder legen Sie sich ein entsprechendes System an digitalen Ordnern an.
Auf einem Medium machen Sie die Fotos der aktuellen Woche, auf dem nächsten präsentieren Sie die letzte Woche und vom dritten Medium speichern Sie die Inhalte der vorletzten Woche. Wenn eine neue Woche beginnt, dann wandern die Speichermedien weiter. So ist dann z. B. das Medium, mit dem Sie die Fotos aufgenommen haben, das, von dem die Fotos präsentiert werden.

Warum sich ein Wochenrückblick lohnt

Den Wochenrückblick für die Eltern auszuhängen und ihnen somit einen Einblick in den Kita-Alltag zu geben, ist nur einer von vielen Gründen, warum es sich lohnt, dafür extra **Zeit zu investieren**.
Eine Investition ist etwas, von dem Sie am Anfang nicht wissen, welche Auswirkung oder welchen Erfolg diese haben wird. Sie können sich durch einen regelmäßigen Wochenrückblick jedoch auch **Zeit und Ärger sparen**. Denn:
Sie erreichen mit einem Schriftstück alle Eltern gleichzeitig.

Der Wochenrückblick ist natürlich kein Ersatz für Tür-und-Angel-Gespräche, bei denen Sie mit einzelnen Eltern sprechen. Aber besonders, wenn Sie nur wenig Zeit für die Tür-und-Angel-Gespräche haben, kann der Wochenrückblick die ideale Ergänzung zu den Gesprächen sein.

Das Freispiel im Wochenrückblick

Die Sache mit dem Freispiel

Sie wissen von der **Bedeutung des Freispiels für Kinder und ihre Entwicklung**.
Spiel kann jedoch für Eltern auf den ersten Blick wenig mit Bildung zu tun haben. In unserer Gesellschaft freuen wir uns über „gute Leistungen", die möglichst messbar sind, z. B.:

- die schön gebastelte Laterne
- das erreichte Seepferdchen
- die ersten Schritte
- ein Lächeln
- zwei Kinder, die sich umarmen
- den ersten geschriebenen Namen

Alles, was wir sehen können, ist einfacher wahrzunehmen und zu benennen. Damit lassen sich diese Situationen als Ergebnis beurteilen. Alles, was zu diesem Ergebnis geführt hat, die kleinen Schritte zu diesen Zielen stressen uns oft eher. Auf dem Weg hin zum Ziel stolpern wir, er kann anstrengend und schwierig sein. Deshalb schenken wir diesem oft weniger Beachtung oder geben ihm nicht den Wert, den er hat.
Dabei gilt: **ohne Weg kein Ziel.**

Das können Situationen des Kindes sein wie z. B.:

- das Matschen mit dem Kleister
- die Gewöhnung ans Wasser, während das Kind einfach „nur" darin plantscht
- die vielen Male, in denen das Kind stolpert und hinfällt
- die Tränen, wenn alles nicht so klappt, wie das Kind gern möchte
- zwei Kinder, die sich um eine Puppe streiten
- die Kritzeleien und Striche, bis daraus zum ersten Mal Buchstaben entstehen

Die **Prozesse hinter dem Ergebnis** sind schwieriger wahrzunehmen und zu erkennen. Außerdem bestehen das Leben und damit auch die Entwicklung des Kindes aus viel mehr als aus guten Leistungen und Ergebnissen, z. B.:

- einfach Dinge zu tun, weil sie Freude bereiten
- eine Sache zu erkunden ohne Sinn und Ziel
- der Wunsch nach Wiederholung

Beispiel: Ständige Wiederholung

Carlos liegt auf dem Wickeltisch. Ellie quietscht mit einem Quietscheentchen, das man sehr fest zusammendrücken muss, um ihm ein Geräusch zu entlocken. Dann gibt sie es Carlos in die kleinen Händchen, damit er was zum Spielen hat, während sie ihn wickelt. Egal wie sehr Carlos drückt, das Entchen quietscht nicht. Er hält es Ellie hin: „Noch mal!", fordert er ein. Ellie lässt das Entchen quietschen, Carlos lacht vergnügt: „Noch mal!" So geht es weiter, bis Ellie mit Wickeln fertig ist und das Entchen an die Seite legt. Als Carlos beim nächsten Mal gewickelt werden soll, zeigt er sofort auf das Quietscheentchen. Ellie soll es wieder quietschen lassen.

Lernen geschieht unter anderem durch Wiederholung.
Wie aber lassen sich die kleinen alltäglichen Lernschritte transparent machen?

Beispiel: Gitarrespielen

Sie lernen Gitarre. Nehmen Sie die Gitarre in die Hand und können sofort die Charts rauf und runter spielen? Nein, dazu müssen Sie üben. Wiederholen. Immer und immer wieder. Bis Sie das Instrument und die dazugehörigen Fingerbewegungen beherrschen.

Das Freispiel im Wochenrückblick

Allerdings wirkt das auf Erwachsene eher langweilig bzw. das **Lernen ist dabei nicht direkt erkennbar**, wenn Sie beispielsweise im Wochenrückblick schreiben:

- ➔ Montag: Freispiel draußen
- ➔ Dienstag: Freispiel draußen
- ➔ Mittwoch: Freispiel draußen
- ➔ Donnerstag: Freispiel draußen
- ➔ Freitag: Freispiel draußen

Auf Eltern kann das so wirken, als wenn die Kinder immer und immer wieder dieselben langweiligen Tätigkeiten ausüben und nichts gelernt habt. Als pädagogische Fachkraft wissen Sie es natürlich besser. Ihre Aufgabe ist es, genau diese Umstände transparent zu machen, zu zeigen, dass **Spiel mehr ist als nur „spielen"**.

Auf den folgenden Seiten finden Sie deshalb „Ideenkisten", mit denen Sie die Bedeutung des Freispiels für Eltern transparent machen können.
Stellen Sie den **Wochenrückblick abwechslungsreich** dar und richten Sie den Fokus auf unterschiedliche Aspekte.
Finden Sie **viele Möglichkeiten**, mit denen Sie das Freispiel noch besser und spannender beschreiben und darstellen können. Denn so zeigen Sie die Reichhaltigkeit des Spiels und Sie haben für ein ganzes Kita-Jahr verschiedene Inhalte zum Thema „Spiel".

IDEENKISTE:
Die Bedeutung des Freispiels für Eltern transparent machen

Es gibt verschiedene Möglichkeiten

1. Gestalten Sie regelmäßig (z. B. einmal im Jahr) einen Elternabend zum Thema „Die Bedeutung des Spiels für die kindliche Entwicklung".
2. Integrieren Sie in Ihren bereits bestehenden Elternabend eine kurze Lektion zum Thema „Spiel". Dabei können Sie sich verschiedenen Aspekten widmen, z. B.:
   - Freispiel – was ist das eigentlich?
   - Lernen durch Wiederholung
   - Spiel ist Bildung
   - Spiel zur Förderung der*des ....
     (Sozialverhaltens, Erlebnisverarbeitung, Stressregulation, Kreativität u. Ä.).
3. Lassen Sie die Kinder einmal berichten, was ihnen das Spiel bedeutet. Die Antworten können Sie als Zitate (ohne Namen) aushängen.
4. Gestalten Sie für jedes Kind eine Portfolio-Seite. Je nach Alter und Kind kann sein individuelles Spiel auf einem Foto festgehalten werden oder aber das Kind malt ein Bild zum „Spielen". Ältere Kinder können Sie fragen, was sie am Spielen mögen.
5. Stellen Sie die Bedeutung des Spiels in Ihrem Wochenrückblick dar (siehe Seite 64).
6. Notieren Sie eigene Ideen:

....

....

....

....

....

....

....

....

....

....

....

....

IDEENKISTE:
Das Freispiel im Wochenrückblick darstellen (1/2)

Es gibt verschiedene Möglichkeiten, wie Sie das Freispiel im Wochenrückblick darstellen können:

Tipp

Bringen Sie Vielfalt in Ihren Wochenrückblick, indem Sie immer mal wieder eine andere der hier genannten 11 Möglichkeiten verwenden.

1. **Beschreiben Sie, was die Kinder im Freispiel genau gemacht haben.**
   z. B.: Die Kinder haben Eisdiele im Sand gespielt.
2. **Beschreiben Sie die Erkenntnisse der Kinder genauer.**
   z. B.: Die Kinder haben im Freispiel im Sandkasten gespielt und dort mit Sand experimentiert. Sie haben festgestellt, dass trockner Sand sich viel leichter sieben lässt als der nasse Sand. Auch fanden sie heraus, dass, je tiefer sie graben, der Sand desto nasser ist. „Oben scheint die Sonne drauf und trocknet den Sand", hat ein Kind den anderen erklärt.
3. **Beschreiben Sie eine Tätigkeit und was dabei gefördert wird.**
   z. B.: Die Kinder haben im Sand gespielt. Dabei wird die Wahrnehmung gefördert.
   Der Sand wird ertastet und geformt. Kinder erfahren so die Beschaffenheit des Sandes und wie er sich in unserer Umgebung verhält. Trockener Sand rieselt in seinen einzelnen Körnchen durch ein Sieb oder die Hände. Nasser Sand lässt sich hingegen formen, zu einem Klumpen oder mithilfe von Förmchen oder Eimern.
   Im Sand hinterlässt man Spuren oder kann diese erstellen. Dadurch werden die Selbstwahrnehmung und die Selbstwirksamkeit gefördert. Die Kinder machen die Erfahrung: Ich kann Spuren im Sand hinterlassen, ich kann ihn gestalten und verändern, ich kann ihn für mein Spiel nutzen und so auf ihn einwirken. Sand hat so viele Gestaltungsmöglichkeiten und bietet unterschiedliche Sinneseindrücke. Für die Kinder ist das ein wahrer Sinnesschmaus.
4. **Beschreiben Sie die Spielthemen der Kinder.**
   z. B.: Die Kinder haben im Sand verschiedene Berufe, Inhalte aus Abenteuergeschichten oder sportliche Aktivitäten wie Autorennen nachgespielt.
5. **Beschreiben Sie die Bildungsthemen im Zusammenhang mit dem Spiel.**
   z. B.: Beim Spiel mit dem Sand machten die Kinder in ihrer „Eisdiele" vielfältige Erfahrungen. Sie stellten fest, dass sich feiner und trockener Sand sieben lässt und leicht durch die Löcher fällt. Diesen nutzten sie als Puderzucker. Der grobe und nasse Sand sowie Steinchen und Stöckchen blieben im Sieb hängen. Sie wurden zu Streuseln, Erdbeeren, Kirschen und die Stöckchen eigneten sich wunderbar als Geburtstagskerzen. Mit dem nassen Sand konnten sie gut die Kugeln formen, dafür mussten sie etwas tiefer im Sand graben. Die Kinder ahmen im Spiel Lebenssituationen nach. Durch dieses Nachahmungsspiel verarbeiten sie Erlebtes und eignen sich die Prinzipien dieser Welt an. Im Spiel lernen die Kinder Wirkungsweisen aus ihrer Umgebung kennen und anwenden. Sie erkennen z. B., dass der nasse Sand weiter unten ist, weil das Wasser im Boden versickert, und die Sonne den Sand, der oben liegt, schneller trocknet.

IDEENKISTE: Das Freispiel im Wochenrückblick darstellen (2/2)

6. **Beschreiben Sie, wie das Spiel die Entwicklungsthemen der Kinder fördert.**
   z. B.: Wir haben beobachtet, dass die Kinder intensiv mit Sand in Kombination mit Wasser spielen. Mit neuen Materialien unterstützen wir ihre Experimentierfreude. Unter anderem sind das: alte Schüsseln, Kellen, Löffel, Kannen, Töpfe und Schneebesen.

7. **Beziehen Sie im Wochenrückblick die Eltern mit ein.**
   z. B.: Unsere Kinder spielen derzeit ausführlich in unserer „Matschküche" draußen. Wenn Sie als Eltern noch alte Küchengegenstände haben, die Sie nicht mehr benötigen und die für das Spielen im Sand geeignet sind, freuen wir uns über Spenden. Geeignet sind z. B. Schüsseln, Kellen, Töpfe u. Ä. Bei Fragen sprechen Sie uns gern an.

8. **Knüpfen Sie an einen alten Wochenrückblick an.**
   z. B.: Nachdem es letzte Woche geregnet hatte, haben die Kinder sämtliche Gefäße (Eimer, Förmchen u. Ä.) am Zaun aufgereiht und den Regen darin gesammelt. Die Freude war groß, als sie dieses Wasser nun in ihr Sandspiel integrieren konnten.

9. **Beschreiben Sie einen bestimmten Bildungsbereich, wie beispielsweise soziale Aspekte.**
   z. B.: Im Sitzkreis sprachen wir über das Thema „Teilen". Überrascht stellten wir fest, dass die Kinder dieses Thema aufgriffen. Während des Freispiels im Außengelände überlegte eine Gruppe von Kindern im Sandkasten, ihren Sandkuchen zu teilen. Eine andere Gruppe stritt um die beliebten „Schüppen", von denen nur zwei vorhanden sind, mit denen aber vier Kinder spielen wollten. Nach einem kurzen Streit darum schlug ein Kind vor, dass sie sich abwechseln können. Alle waren einverstanden.

10. **Arbeiten Sie eigene Beobachtungen heraus.**
    z. B.: Wir beobachten, dass die Kinder im Sandkasten gern ihr Spiel vom letzten Tag fortsetzen und dort anknüpfen, wo sie am Tag zuvor aufgehört haben. So haben sie in der ersten Hälfte der Woche ein riesiges Loch in den Sandkasten gebuddelt. „Bis zum Boden" war das Ziel. Das Ziel der zweiten Wochenhälfte bestand darin, ein zweites Loch zu buddeln. Nun planen die Kinder, beide Löcher mit einem Tunnel zu verbinden. Wir sind gespannt, ob die Kinder dieses Ziel in der nächsten Woche erreichen und weiter an ihr Spiel anknüpfen.

11. **Heben Sie eine besondere Gruppe hervor.**
    z. B.: Die Vorschulkinder mögen es, ihre hergestellte „Suppe", bestehend aus Matsch, Rindenmulch, Sand und Gras, im Eimer auf dem Außengelände zu verstecken. Das tun sie, um damit beim nächsten Spiel im Außengelände weiterspielen zu können und die „Suppe" vor der Sabotage durch jüngere Kinder zu schützen. Wir lassen sie gewähren.

Inhalte für den Wochenrückblick

Mehr im Wochenrückblick präsentieren

Es gibt so viel mehr, von dem Sie im Rückblick berichten können, als Angebote, Mahlzeiten und Morgenkreise. Um den Wochenrückblick zu füllen, fragen Sie sich: **Welche Inhalte und Themen sind erzählwürdig?**

Den Wochenrückblick füllen – so gehen Ihnen die Ideen und Themen nicht aus:

1. Führen Sie ein Notizbuch. (Sie können auch Ihren Gruppenkalender nutzen.) Sammeln Sie dort regelmäßig Inhalte, die Sie im Wochenrückblick berichten können.
2. Setzen Sie sich regelmäßig hin (z. B. einmal monatlich, während der Teamsitzung oder der Vorbereitungszeit) und listen Sie Ideen, Materialien, Themen usw. auf, die in Ihrer Einrichtung aktuell und/oder wiederkehrend interessant für Eltern sein könnten.
3. Wechseln Sie sich im Team mit dem Schreiben des Wochenrückblicks ab. Nutzen Sie die Ideen und Fähigkeiten des Teams, jede*r hat einen besonderen Fokus und eigene Interessen in Bezug auf die pädagogische Arbeit.

Tipp

Wenn Sie den Wochenrückblick regelmäßig führen und mit Inhalten aus dem Kita-Alltag sowie Themen der Kinder füllen, dann haben Sie gleichzeitig eine reichhaltige Ideensammlung angelegt. Kopieren Sie sich dafür jede Woche den Wochenrückblick und heften Sie ihn ab. Viele Themen wiederholen sich im Jahresrhythmus und Sie können sie wiederverwenden. Auch die verwendeten Formulierungen können Sie, auf die jeweils aktuelle Woche angepasst, wiederverwenden.

Beziehen Sie immer mal wieder die Kinder mit ein, wenn Sie den Wochenrückblick schreiben und gestalten. Das hat mehrere Vorteile:

- ➔ Sie bekommen neue Ideen, denn Kinder sind sehr kreativ.
- ➔ Indem Sie die Kinder einbeziehen, fördern Sie ihre Stärken.
- ➔ Sie fördern die Entwicklung und Bildung der Kinder.
- ➔ Der Einbezug von Kindern stärkt ihr Verständnis für Demokratie und Gemeinschaft.
- ➔ Sie fördern die sozialen Fähigkeiten der Kinder.
- ➔ Sie stärken die Selbstwirksamkeit und Selbstbestimmung sowie die Selbstständigkeit.
- ➔ Sie unterstützen die emotionale Entwicklung der Kinder.

Ein wichtiger Aspekt in der Transparenz ist, dass Sie die Themen der Kinder zeigen. Auf Seite 67 finden Sie eine **Checkliste** mit Vorschlägen für pädagogische Themen, die Sie – passend zu Ihrer Einrichtung – noch ergänzen können.
Außerdem steht Ihnen eine **Kopiervorlage** für das Anfertigen des Wochenrückblicks zur Verfügung (siehe Seite 68).

Tipp

Laminieren Sie den Wochenrückblick ein, dann ist er abwaschbar und immer wieder beschreibbar. Benutzen Sie dazu einen wasserlöslichen Folienstift (am besten in Schwarz) in der Größe S.

Die Kopiervorlage können Sie auch für die Portfolio-Ordner der Kinder verwenden. Damit können Sie:

- ➔ eine Woche des Kindes in der Kita dokumentieren,
- ➔ das Kind zum Ende des Vormittags diktieren lassen, was es erlebt hat,
- ➔ das Kind die Tage malen lassen,
- ➔ kleine Fotos (pro Tag) vom „Tun" des Kindes einkleben und dazu jeweils einen kleinen Text verfassen,
- ➔ ein Spiel des Kindes dokumentieren, das es die ganze Woche über gespielt hat.

CHECKLISTE:
Pädagogische Themen für den Wochenrückblick

Schauen Sie, welche pädagogischen Themen in Ihrem Wochenrückblick stecken! Als Orientierung finden Sie hier ein paar Themen/Kategorien. Ergänzen Sie die Tabelle mit Themen aus Ihrem Alltag! Oft fließen die Themen ineinander.

Themen	**Entwicklungsthemen** (Entwicklungsprozesse, in denen die Kinder gerade stecken)	**Bildungsthemen** (Wissensaneignung und Interessen der Kinder)	**Lebensthemen** (Themen, die die Kinder aus ihren direkten Erlebnissen mitbringen)
Beispiele	Bewegung (Grobmotorik)	Gesundheit	Geburt
	Bewegung (Feinmotorik)	Musik	Schule
	Emotionalität	Kunst und Kultur	Freundschaft
	Sozialverhalten	Kreativität und Fantasie	Jahreszeiten
	Kognition	Lebenspraxis und Alltag	Familie
	Sprache	Mathematik	Umweltschutz
		Sprache und Literacy	Bücher, Geschichten und deren Inhalte
		Politik, Gesellschaft	digitale Medien(inhalte)
		Geschichte	Tod
		Religion	
		Natur und Umwelt	
		Naturwissenschaft (Physik, Chemie, Biologie)	

KOPIERVORLAGE:
Wochenrückblick Querformat (DIN A4)

WOCHENRÜCKBLICK	
MONTAG	
DIENSTAG	
MITTWOCH	
DONNERSTAG	
FREITAG	

Textideen für den Wochenrückblick

Erzieher*innen stehen viele fachliche Texte zur Verfügung, sowohl digital als auch in Buchform. Aus diesem Fundus können Sie sich bedienen, um Ihre transparenten **Texte professioneller zu formulieren**. Ziel dabei ist, dass Sie sich inspirieren lassen. Sich fremder Inhalte zu bedienen und abzuschreiben, ist jedoch nicht erlaubt!
Wie Sie das am besten machen, wird im Folgenden erklärt.

Beispiel: Puzzle

Eine Gruppe von Kindern (Mädchen im Alter zwischen drei und vier Jahren) puzzelt immer wieder ein und dasselbe Puzzle gern. Es kann beispielsweise ein Bauernhofpuzzle mit vielen Tieren sein.

Gehen Sie die in der **Checkliste „Pädagogische Themen für den Wochenrückblick“** (siehe Seite 67) genannten Kategorien durch und fragen Sie sich, welche Themen konkret für die im Beispiel genannte Situation darin stecken.

Als **Entwicklungsthemen** können Sie hier z. B. Begriffe wie Feinmotorik, Kognition und Emotionalität passend finden. Denn die Kinder brauchen Fingergeschicklichkeit, um die Puzzleteile aneinanderzusetzen. Auch fördert das ihre Kognition, sie nehmen Muster wahr, setzen Bildausschnitte in ein großes Ganzes und müssen sich konzentrieren, also eine hohe Aufmerksamkeit mitbringen. Sie benötigen Ausdauer und Geduld, schulen ihre Frustrationstoleranz, womit ihre Emotionalität gefördert wird. Auch können die Kinder sich dabei entspannen. Puzzeln sie das Puzzle gemeinsam, wird ebenfalls das Sozialverhalten unterstützt.

Bildungsthemen, die Sie hier finden können, sind zum einen Mathematik (vieles ergibt ein Ganzes, ein Teil und ein anderes zusammen ergibt zwei ...) und zum anderen Natur- und Umwelt. Das Kind sieht verschiedene Bauernhoftiere und kann damit die Tiere dem Bauernhof zuordnen. Außerdem sind vielleicht noch typische Bauernhofsituationen zu sehen, z. B., wie ein Huhn Eier legt oder die Kuh gemolken wird. Auch Biologie lernt das Kind insofern, dass es die unterschiedlichen Merkmale der Tiere erfasst: Kühe sind schwarz-weiß gefleckt, Katzen haben spitze Ohren, Hühner legen Eier und vieles mehr.

Lebensthemen, die damit verdeutlicht werden, können z. B. das Thema „Essen“ (Woher kommt mein Essen?) oder auch „Umweltschutz“ (z. B. Tierwohl) sein.
Allein, dass ein Kind ein Puzzle legt, wird nicht alle Themen abdecken. Aber wenn Sie das Kind beobachten und Sie mit ihm darüber sprechen, was es tut oder was es auf dem Bild sieht, werden Sie mitbekommen, womit es sich beschäftigt. Vielleicht

gibt das Kind auch von allein seine Themen Preis, indem es davon berichtet oder aber ein entsprechendes Verhalten zeigt. Sie müssen nicht alle Themen der Checkliste hier wiederfinden. Eins zur **Repräsentation** reicht. Eins ist sogar besser als viele. Selbst wenn Sie viele Themen entdecken, **wählen Sie eins**, das Ihnen das Kind oder die Kinder besonders präsentiert.

Beleuchten Sie dieses eine Thema dafür genauer und orientieren Sie sich an dieser Stelle an **anderen Texten**. Sie können Texte aus dem Internet, aus Büchern, Zeitschriften oder sogar aus Ihren Beobachtungsdokumenten verwenden. **Achtung, es geht nicht darum, diese Texte zu kopieren, sondern** darum, sich Inspiration zu holen, vielleicht ein bis drei Stichworte herauszugreifen und dann einen eigenen **Text** zu schreiben.

Dazu betrachten wir noch einmal das Puzzle-Fallbeispiel von eben: Wir entscheiden uns dafür, nur ein Entwicklungsthema zu verwenden, nämlich „Emotionale Entwicklung" und legen dabei den Schwerpunkt auf „Frustrationstoleranz". Bei der Auswahl des Themas können Sie sich daran orientieren, was für das Kind oder in der Gruppe **aktuell von Bedeutung** ist.

Im Beispiel auf Seite 69 steht: „Frustrationstoleranz, Ausdauer und Geduld". Damit haben Sie bereits drei Stichworte für Ihren Wochenrückblick. Diese „klauen" wir uns jetzt für den Wochenrückblick. Ähnlich können Sie auch mit anderen Texten verfahren. Nehmen Sie sich einzelne Stichworte heraus, die Ihnen ins Auge springen und die geeignet sind, um sie im Wochenrückblick zu verwenden.
Sie können sich auch eine Liste mit Wörtern erstellen, die Sie dann mit der Zeit verwenden.

Teamaufgabe

Sammeln Sie im Team Stichworte, die Sie gern einmal im Wochenrückblick verwenden, beschreiben oder anhand eines Praxisbeispiels verdeutlichen möchten.

Beispiel

Mit den gesammelten Stichworten können Sie im Wochenrückblick z. B. schreiben:
„In letzter Zeit beobachten wir, dass die 3- bis 4-jährigen Mädchen sich häufig Puzzles aus dem Regal nehmen. Die Puzzles haben zwischen 12 und 49 Teile. Besonders die Puzzles mit den Bauernhoftieren und der Prinzessin haben es ihnen angetan. Beide Puzzles haben 35 Teile. Je öfter die Mädchen die beiden Puzzles legen, desto schneller werden sie. Wir können richtig beobachten, wie sie mit **Geduld** alle Teile zusammenstecken, bis das ganze Bild fertig ist. Manchmal fangen sie danach wieder von vorn an. Dadurch trainieren sie ihre **Ausdauer.** Zu Anfang waren sie bei den Puzzles mit vielen Teilen etwas überfordert und schnell frustriert. Doch die Neugier ließ sie anscheinend nicht los, denn sie griffen immer wieder zu diesen Puzzels. Eine echte Übung für ihre **Frustrationstoleranz!** Umso mehr strahlen ihre Gesichter, wenn sie das Puzzle dann doch gelöst und fertighaben."

Für die Transparenz ist es Ihre Aufgabe, die Themen sichtbar zu machen. Natürlich nicht immer und überall. Aber vielleicht haben Sie etwas **Besonderes** beobachtet oder es ist Ihnen etwas aufgefallen?
Werden Sie zum*zur Themen-Detektiv*in! Halten Sie die Ohren und Augen offen und versuchen Sie, herauszufinden, wo sich in Ihrem Kita-Alltag die Themen verstecken. Dann picken Sie sich ein paar prägnante Themen heraus und machen diese für Eltern sichtbar.
Sie können nun ein Thema nehmen und bei diesem ins **Detail** gehen, wie bei dem Beispiel eben gemacht, oder es gibt noch eine andere Möglichkeit: Entwickeln Sie anhand der Situation einen **Plan**, wie Sie dieses Thema (in unserem Beispiel Frustrationstoleranz) fördern. Das würde dann im Wochenrückblick vielleicht so aussehen: „Diese Übung der Kinder unterstützen wir, indem wir ihnen ähnliche Puzzles zur Verfügung stellen. Des Weiteren geben wir den Kindern die Chance, am Basteltisch ein eigenes Puzzle zu basteln." Oder Sie nehmen die Situation als Beispiel und **forschen nach ähnlichen Situationen** im Kita-Alltag, die Sie dann ebenfalls im Wochenrückblick präsentieren.

ARBEITSMATERIAL: Der gelungene Wochenrückblick

WOCHENRÜCKBLICK

MONTAG	DIENSTAG	MITTWOCH	DONNERSTAG	FREITAG
Vom stürmischen Wochenende brachten ein paar Kinder Fundstücke mit. Im Morgenkreis betrachteten wir abgerissene Äste, Eicheln und Zweige, die aussahen wie ein Blumenstrauß mit Blättern dran. Viele Kinder erzählten, wie sie Haus und Garten sturmfest gemacht haben. Unser Eindruck im Team ist, dass die Kinder das Wetter derzeit beschäftigt, ausgelöst durch den Sturm. Deshalb führen wir das Thema nun weiter. --- Passend dazu, holten wir *Bücher aus unserer Kita-Bücherei* zu den Themen „Wind", „Sturm", „Wetter", „Herbst" ... Interessiert blätterten vor allem die 4- bis 5-Jährigen darin und erklärten sich gegenseitig die Bilder. Besonders die unterschiedlichen Sturmarten (Tornado, Hurrikan, Zyklon usw.) faszinierten sie. --- Im Freispiel konnten die Kinder auf dem Außengelände mit Harken das Laub kehren und mit Schubkarren transportieren.	*Morgenkreis:* Passend zu unserem neuen Thema „Wind und Wetter", machten wir eine kleine Morgengymnastik, bei der wir uns z. B. schüttelten wie der Baum im Wind. Unsere Herbstlieder kennen die Kinder nun in- und auswendig, damit beendeten wir den Morgenkreis. Unser Highlight des Tages war jedoch der „Flaschentornado", anhand dessen wir zum Thema „Luft" experimentierten. --- *Pustebilder:* Mit Wasserfarben werden gefärbte Wassertropfen auf ein Blatt getropft. Mithilfe eines Strohhalms pustet das Kind den Tropfen in verschiedene Richtungen, sodass der Tropfen eine Farbspur hinterlässt. --- Der Flaschentornado bleibt den Kindern für weitere Erkundungen und Experimente während des Freispiels erhalten. --- Wir waren heute draußen.	*Freispiel:* Es gibt ein neues Aktionstablett in unserer Gruppe. Auf ihm liegen Wattebausche und Strohhalme sowie zwei Schüsseln. Die Kinder können die Wattebausche mit dem Strohhalm vorwärts um die Schälchen im Slalom pusten. Alternativ können die Wattebausche mit dem Strohhalm angesaugt und von einer in die andere Schüssel transportiert werden. --- *Turnen:* Aufwärmspiel „Feuer, Wasser, Luft" *Herausforderung:* Parcours mit Luftballons bewältigen *Entspannung:* Atemübung --- An der Trinkstation haben wir auf Wunsch der Kinder nun ebenfalls Strohhalme. Das bewirkte, dass die Kinder heute viel getrunken haben :-).	Die Pustebilder wurden fortgeführt. Das Aktionstablett ist fast ständig in Benutzung. Den jüngeren Kindern geht schnell die Puste aus, dann nutzen sie ihre Hände. Die Kinder stellten fest, dass man die Watte zerrupfen und neu formen kann. Durch die Beschäftigung mit Luft und Wind wird vor allem die Mundmotorik der Kinder gefördert. Das wirkt sich positiv auf die Sprachentwicklung aus. Die Kontrolle von Lippen, Zunge und Zähnen ist ein individuelles Zusammenspiel. Die Stärkung der Mundmuskulatur hilft diesem, die richtigen Laute hervorzubringen. --- Heute haben wir die Geschichte der kleinen Wolke gelesen.	Heute endlich wieder Sonne. Den Sonnenschein nutzen wir und waren deshalb die meiste Zeit des Tages draußen. • fertige Pustebilder aufgehängt --- *Schönes Wochenende!* **Tipp:** Vielleicht wollen Sie den Flaschentornado zu Hause basteln und ausprobieren?

Entwicklungs- und Bildungsprozesse im Wochenrückblick

Nehmen wir einmal an, Sie **singen** jeden Morgen mit den Kindern. (Sie können dieses Beispiel auch mit anderen Tätigkeiten aus Ihrer Arbeit ersetzen.) Singen ist das Beste, was Sie für die musikalische Früherziehung tun können. Damit fördern Sie nämlich sehr viel gleichzeitig beim Kind: seine Stimmbildung, seine musikalische Wahrnehmung für hohe und tiefe Töne (für Moll und Dur) sowie sein Rhythmusgefühl. Aber nicht nur musikalische Fähigkeiten werden damit gefestigt, sondern auch Fertigkeiten in anderen Bereichen, wie z. B. die Wortschatzerweiterung, Reimbildung, emotionales Wohlbefinden, soziale Interaktion, Kreativität, (je nach Lied) Sachkunde und vieles mehr.

Sie wissen, dass das gemeinsame Singen die Kinder musikalisch fördert. Sie wissen, dass **Kinder immer etwas lernen** und ihre Fähigkeiten ausbilden. Kinder lernen von ganz allein. Sie bringen die intrinsische Motivation mit, Neues zu lernen. Wir müssen ihnen nicht beibringen, zu laufen oder zu singen, sie tun es ganz automatisch. Natürlich regen die gemeinsamen Singzeiten die Kinder dazu an, mehr und intensiver zu singen, und deshalb fördern sie die Kinder auch.
Nun wissen das Eltern aber häufig nicht. Die meisten Eltern haben keine Erzieherausbildung. Es gibt Eltern, die denken, dass sie sich mit den Kindern hinsetzen, ein wenig singen und dass das schön ist. Aber was sich dahinter verbirgt, das wissen sie meistens nicht.

Und genau **hier setzt Transparenz an**. Damit Eltern erfahren, was hinter dem „Schön-mit-den-Kindern-Beisammensitzen-und-gemeinsam-Musik-Machen" steht.
Sie bieten im Kita-Alltag so viele Möglichkeiten der Förderung an und Sie **regen die Kinder in ihrer Entwicklung und Bildung an**. Mit allem, was Sie tun, verfolgen Sie bestimmte Ziele und Intentionen. Beim gemeinsamen Singen bringen Sie z. B. die ganze Gruppe zusammen, weil Sie das Gruppenzugehörigkeits- und das Gemeinschaftsgefühl stärken möchten. Sie geben den Kindern Orientierung und Strukturen und schaffen ihnen dadurch einen sicheren Rahmen.

Tipp 

Statt sich zu fragen, was Sie den Kindern noch anbieten können, überlegen Sie doch einmal, was Sie alles bereits schon machen. Denken Sie darüber nach, wie Sie das den Eltern transparent machen können.

Wie können Sie das kommunizieren?

Auch **Ziele und Intentionen bzw. Gedanken** zum Thema sind erzählwürdig. Sie möchten den Kindern im genannten Beispiel vermitteln, dass sie sich als Teil der Gruppe verstehen, dass sie zusammenarbeiten, dass sie sich gegenseitig helfen und ein Miteinander entsteht. Denn die Kinder sollen sich wohlfühlen, Freundschaften finden, aufbauen und verstärken, weshalb sie miteinander in Beziehung treten.
Die Kita ist eine **Gesellschaft im Kleinen**. In der Kita erleben die Kinder zum ersten Mal, was es bedeutet, in einer Gesellschaft zu leben. Dort gibt es ausgesprochene und unausgesprochene **Regeln, Kulturen und Traditionen**. Die Kinder erfahren, dass es schön und schwierig sein kann im Zusammenleben mit anderen, und sie lernen erste Strategien kennen, um sich als Individuum in einer Gesellschaft zurechtzufinden, anzukommen, Kontakte zu knüpfen und vieles mehr.

So kann das im Wochenrückblick aussehen ...

„Unser Ziel ist es, dass die Kinder sich als Teil einer Gruppe fühlen. Wir wollen ihr Gruppenzugehörigkeitsgefühl stärken und ihnen helfen, als Gemeinschaft zusammenzuwachsen. Darum legen wir verstärkt Wert darauf, dass wir den Kindern Aktionen in diese Richtung anbieten. Wir möchten gern die Gruppe umstrukturieren. Durch den Wechsel von vielen Vorschulkindern hin zu vielen jüngeren Kindern merken wir, dass die Spielbereiche nicht optimal auf die Spielbedürfnisse der Kinder zugeschnitten sind. Dies werden wir in den nächsten Wochen ändern."

ERSTE HILFE:
Wenn es einmal schnell gehen muss mit dem Wochenrückblick

Hier finden Sie **Ideen**, wenn Sie keine Zeit für den Wochenrückblick haben:

1. Sie dürfen auch mal eine Woche nichts aushängen. Fragen Eltern danach? Vermissen sie den Wochenrückblick? Schreiben Sie: „Wir waren so beschäftigt, der Wochenrückblick fällt diese Woche aus."
2. Lassen Sie ein Kind ein Bild davon malen, wie die Woche aussah, oder mehrere Kinder gemeinsam eine Collage gestalten.
3. Hängen Sie statt des Wochenrückblicks die Basteleien der Woche aus.
4. Zeigen Sie die Woche beispielhaft in einem oder mehreren Fotos.
5. Beschreiben Sie die Woche mit einem Satz aus fünf Wörtern, so z. B.: „Bei Sonnenschein viel draußen gewesen". Fügen Sie es so in Ihren Wochenrückblick ein: Montag: „Bei", Dienstag: „Sonnenschein", Mittwoch: „viel", Donnerstag: „draußen", Freitag: „gewesen"
6. Nehmen Sie Emojis zu Hilfe, um die Woche darzustellen. Drucken Sie fünf Emojis aus, die jeweils einen Tag der Kita-Woche verbildlichen, und kleben Sie auf jeden Tag eines davon.
7. Verweisen Sie im Wochenrückblick auf etwas anderes, z. B.: „Diese Woche waren wir mit dem Bepflanzen der Hochbeete beschäftigt. Schauen Sie sich diese doch einmal im Garten an."
8. Lassen Sie sich von den Kindern diktieren, was sie in der Woche gespielt haben. Hängen Sie die Aussagen aus (ohne die Namen zu verwenden).
9. Greifen Sie auf bereits geschriebene Texte aus vorherigen Wochenrückblicken zurück, die zum aktuellen Thema passen. Nutzen Sie dafür beispielsweise das Beispiel der „Zahlentreppe" von Seite 47 als Vorlage.

Über den Wochenrückblick hinaus

Wie kann man den Wochenrückblick in den Wochenplan integrieren?

Ein **Wochenplan** bringt Vorteile mit, die ein Wochenrückblick nicht bieten kann. Damit Sie aber keine Doppelungen haben und der Wochenrückblick Ihren Wochenplan sinnvoll ergänzt, gibt es folgende Möglichkeiten:

Tragen Sie in den **Wochenplan** nur „Termine" ein:
- ➔ Turnen
- ➔ einen Ausflug
- ➔ ein Fest
- ➔ der Besuch eines Lesepaten oder einer Lesepatin usw.

Gehen Sie hingegen im **Wochenrückblick** dann ein auf:
- ➔ die Entwicklungs- und Bildungsthemen der Kinder,
- ➔ Alltagsthemen in der Kita,
- ➔ Angebote, die Sie mit den Kindern durchgeführt haben,
- ➔ Materialien oder Stationen, die Sie den Kindern angeboten haben,
- ➔ wie die „Termine" konkret waren,
- ➔ spontane Situationen,
- ➔ Veränderungen in der Gruppe/Kita.

Sie können auch **„rollende Wochen"** aufhängen und so einen Wochenrückblick in einen Wochenplan integrieren. Dazu brauchen Sie **zwei Wochenübersichten übereinander**. Die obere ist dann der Wochenrückblick (letzte Woche) und die untere der Wochenplan (diese Woche). In der unteren Woche haben Sie alle Termine der aktuellen Woche. Ist die Woche vorbei, wandert sie nach oben und wird zum Wochenrückblick. Den Wochenrückblick leeren Sie und dieser wird nun zum neuen Wochenplan. So „rollen" die Wochenseiten immer weiter.

Tipp 

Am besten eignet sich diese Methode für die übersichtliche Darstellung auf einer Magnettafel oder Sie laminieren beide Wochenseiten.

Wenn Sie noch weitere Materialien besitzen, in denen Sie aus dem Kita-Alltag berichten und diesen transparent machen, dann legen Sie **klare Regeln** fest, welche Inhalte Sie wo vermitteln. Wiederholung ist zwar gut und Dopplungen sind kein Problem, aber Sie müssen sich ja nicht mehr Arbeit machen als nötig.

Unterschiede ...

Wochenrückblick: Darstellung der Entwicklung der gesamten Gruppe oder von Kleingruppen. Gibt einen Einblick in den gesamten Kita- oder Gruppenalltag.

Portfolio: Darstellung der persönlichen Entwicklung eines Kindes. Gibt einen Einblick in den individuellen Kita-Alltag des Kindes mit Einbezug der Gruppe und Gruppen- sowie Kita-Aktivitäten.

Ein **Speiseplan**, ein **Terminkalender** u. Ä. können auch unabhängig vom Wochenrückblick aufgehängt oder gezeigt werden. Die Überschneidungen können Sie auch nutzen und so mit einer Sache gleich verschiedene Inhalte gestalten.
Die folgenden beiden Kopiervorlagen (siehe Seite 75/76) können Sie zur **Reflexion der Woche** nutzen – zum einen für sich selbst/das Team und zum anderen mit den Kindern. Hierbei können Sie die Reflexion auch mit einem älteren Kind durchführen und diese dann in seinen Portfolio-Ordner heften. Das Kind kann Ihnen dazu die Antworten auf die Fragen diktieren oder kleine Bildchen malen.

KOPIERVORLAGE: Wochenrückblick zur Reflexion nutzen (Pädagog*innen)

Woche:

Was haben wir den Kindern diese Woche angeboten?	Welche Entwicklungs-, Bildungs-, und/oder Lebensthemen beschäftigten die Kinder in dieser Woche?	Was haben die Kinder gelernt/erfahren/entdeckt/beobachtet?
Welches der Angebote wurde von den Kindern besonders gut angenommen?	Was können wir den Kindern als Folgeangebot oder aufgrund ihrer Themen in der nächsten Woche anbieten?	Was haben wir gelernt/erfahren/entdeckt/beobachtet?

KOPIERVORLAGE:
Wochenrückblick zur Reflexion nutzen (Kinder)

Meine Kita-Woche (Name des Kindes): .... **Datum der Woche:** ....

Was hast du diese Woche in der Kita gemacht?	Was hat dir besonders gut gefallen?
Was hast du gelernt/erfahren/entdeckt/beobachtet?	Was würdest du gern in der nächsten Woche in der Kita machen?

Ein kleines Foto/Bild aus dieser Woche:

Rückmeldung von Eltern

Transparenz ist keine Einbahnstraße

Werden Sie besser in Ihrer transparenten Haltung, indem Sie Eltern dazu einladen, Feedback zu geben.
Um wirklich zu wissen, was die Eltern wollen, müssen Sie sie fragen. Denn die lauten und vehementen Eltern, die melden sich zwar von allein, aber dadurch haben Sie nicht das **Gesamtbild** der Elternschaft.

Darum ist es gut, wenn Sie sich regelmäßig **Feedback einholen**. Denn erst dann wissen Sie, was die Eltern wirklich wollen – auch wenn es unangenehm ist und bedeutet, dass Sie auch kritisiert werden können.
Holen Sie sich dieses Feedback deshalb am besten **schriftlich** ein und werten Sie es gemeinsam im Team aus. Im Team können Sie sich gegenseitig stärken und unterstützen. Beim Feedback sollte es nur um die Arbeit an sich gehen und den Eindruck der Eltern dazu.

Betrachten Sie das Feedback von Eltern **niemals als gegen Sie persönlich gerichtet**! Die Kita ist ein Arbeitsplatz, Ihr Job, eine Tätigkeit und Eltern dürfen Dinge anders sehen als Sie. Eltern dürfen eine andere Ansicht haben. Aber wie Sie am Ende handeln und was Sie sich von der Kritik annehmen, bleibt Ihnen und der **gemeinsamen Reflexion im Team** überlassen. Lernen Sie, damit umzugehen, sich Kritik zu stellen – auch wenn es schwerfällt. Deshalb ist es gut, wenn Sie das Feedback gemeinsam auswerten. Dadurch fällt es Ihnen leichter, zu filtern, was eine ernste Kritik ist, an der Sie gemeinsam arbeiten möchten, und was nur heiße Luft oder ein persönliches Problem von Eltern ist.
Wichtig ist jedoch, dass Sie nicht jede Kritik ablehnen, sondern **wirklich** analysieren, was eigentlich los ist.

Rückmeldung von Eltern

Beispiel

Es ist Corona-Zeit, in den meisten Kitas gelten bestimmte einschränkende Regeln für das Bringen und Abholen der Kinder. Die Eltern können häufig nicht mehr direkt ins Kita-Gebäude kommen, die Kontakte zwischen den Eltern, Erzieher*innen und Kindern sollen so überschaubar und gering wie möglich stattfinden. Deshalb sollen Eltern ihre Kinder an der Kita-Eingangstür morgens abgeben und am Nachmittag dort abholen. Dadurch sehen sie weder die Gestaltung des Gruppenraums noch haben sie einen Einblick in den Kita-Alltag. Auch die anderen Kinder und Eltern bekommen sie nur teilweise zu Gesicht. Deshalb haben sie das Gefühl, keinen Anteil mehr am Leben ihrer Kinder in der Kita zu haben. Sie wenden sich an die*den Vorsitzende*n des Elternrats ihrer Gruppe und besprechen gemeinsam den Wunsch nach mehr Teilhabe. Sie wünschen sich mehr Informationen, was in der Woche passiert. Eine Mutter aus dem Elternrat nimmt sich des einstimmigen Wunsches der Eltern an und spricht die Gruppenleitung der Einrichtung an:

„Astrid, ich würde gern mal mit dir sprechen." „Ja, gern, was kann ich für dich tun?" „Ich habe von den Eltern den Wunsch erhalten, dass sie gern mehr Informationen aus dem Kita-Alltag hätten. Eine Mutter berichtete z. B., dass ihr Kind immer ein Lied singt, aber kaum den Text weiß und sie würde dieses Lied gern mit ihrem Kind gemeinsam singen." „Natürlich, das ist kein Problem. Wir können da etwas zusammenstellen und dir per E-Mail schicken." „Vielen Dank, dann gebe ich das den Eltern weiter und bin gespannt auf deine E-Mail."

Die Erzieher*innen in der Gruppe überlegen, was sie machen können, und suchen drei Lieder heraus, die sie aktuell gemeinsam mit den Kindern singen, sowie eine Bastelanleitung von einem Küken, das sie gerade gemeinsam mit den Kindern basteln. Astrid schickt es während ihrer Pause schnell noch den Eltern, da sie nächste Woche freihat. Für die Erzieher*innen ist damit die Sache erledigt. Für die Eltern jedoch nicht! Sie beschweren sich, was das soll und damit hätten sie ja immer noch keine Infos aus dem Kita-Alltag. Natürlich freut sich die eine Mutter, dass sie nun das Lied mit dem Kind singen kann, aber das allein reicht ihr nicht. Nun regen sich die Eltern über die Erzieher*innen auf und sind unzufrieden.

Rückmeldung von Eltern

Das Beispiel zeigt: Es ist möglich, dass **Eltern gar nicht wissen, was sie genau möchten,** und das auch nicht richtig kommunizieren können. Sie wünschen sich mehr Einblick und wollen am Leben ihrer Kinder teilnehmen, erfahren, was sie bewegt und beschäftigt und was hinter den verschlossenen Kita-Türen geschieht. Sie wissen aber nicht richtig, **welche Informationen Sie dazu benötigen**.

Den Erzieher*innen kam es gelegen, Lieder auszudrucken. So konnten sie den Eltern etwas in die Hand drücken. Handfestes Material ist das, was einem als Erstes einfällt. Aber auf Dauer stillt dies das **dahinterliegende Bedürfnis** der Eltern (am Leben des Kindes teilzuhaben) nicht. Sie sind dann erst einmal damit zufrieden, spüren aber dennoch eine gewisse Unzufriedenheit, ohne diese näher beschreiben zu können.

Es gilt ...

Wenn Sie Eltern Informationen geben und transparent sind, dann gehen Sie nicht davon aus, dass sich die Sache mit einem Mal erledigt hat, sondern arbeiten Sie weiter daran.

Fragen Sie noch einmal nach (schriftlich oder mündlich): „Wir haben Ihnen letzte Woche eine Bastelanleitung und ein paar Lieder geschickt. Möchten Sie solche Materialien in den nächsten Wochen noch einmal erhalten? Oder möchten Sie lieber von uns erzählt bekommen, was wir mit den Kindern im Morgenkreis gemacht haben? Beides geht natürlich auch. Über eine Rückmeldung würden wir uns sehr freuen."

Teamaufgabe

Überlegen Sie sich für das obige Praxisbeispiel Fragen, die Sie den Eltern stellen können, sodass Sie herausfinden, mit welchen Informationen die Eltern zufrieden wären.

Den Wert Ihrer Transparenz werden Sie steigern können, indem Sie sich Feedback geben lassen.

Noch ein Beispiel ...

Sie denken vielleicht, dass die Eltern möchten, dass Sie die Kinder fördern, damit sie einen perfekten Umgang mit Schere, Kleber und Stift erlernen und sprachlich sowie kognitiv perfekt auf die Schule vorbereitet sind.
Aber vielleicht haben Sie Eltern, die sehr viel Wert auf eine gesunde Ernährung und eine aktuelle Umwelterziehung legen, oder aber Sie haben Eltern, denen es wichtig ist, dass die Kinder viel draußen sind.

Sie können nur **vermuten**, was die Eltern wollen, anhand ihrer Kommentare oder dessen, was sie erzählen. Wissen können Sie es nicht. Vielleicht brennt den Eltern auch etwas unter den Nägeln, worüber sie sich außerhalb der Kita unterhalten, was sie aber Ihnen gegenüber nicht erwähnen. Deshalb müssen Sie **fragen**, nur wenn Sie Fragen stellen, können Sie Antworten bekommen und dann Ihre Kommunikation auf die Bedürfnisse der Eltern abstimmen. Ansonsten arbeiten Sie vielleicht an den Eltern vorbei. Der Vorteil am Fragenstellen ist, dass Sie durch die Antworten, die Sie bekommen werden, **passgenau auf die Eltern eingehen** und sich damit unnötige Arbeit sparen können.

Tipp

Statt Lieder auszudrucken/aufzuhängen oder den Eltern nur per E-Mail zu senden, machen Sie Fotos! Fotografieren Sie Situationen im Kita-Alltag oder lassen Sie die Kinder das machen. Diese können dann, als Fotostrecke zusammengesetzt, in der Kita aufgehängt und per E-Mail an die Eltern versendet werden (beachten Sie dazu die Hinweise ab S. 13).

Mindestens einmal pro Jahr sollten Sie eine Umfrage machen. Die Umfrage kann allgemein gehalten werden oder zu einem bestimmten Thema geschehen. Die Rückmeldung hilft Ihnen, in Zukunft Ihre pädagogische Arbeit zu gestalten und auf die Wünsche der Eltern anzupassen.
Das Thema „Eigene Grenzen" (siehe Seite 19) wurde hier bereits behandelt. Es geht nicht darum, den Eltern jeden Wunsch zu erfüllen, sondern einen **ausgeglichenen Umgang** mit den Wünschen der Eltern zu finden: auf diese einzugehen und gleichzeitig die Führung der pädagogischen Arbeit zu behalten.

Rückmeldung von Eltern

Starten Sie doch einmal mit einer **Umfrage zum Wochenrückblick** durch!
Dadurch erhalten Sie Einblick in das Leseverhalten der Eltern und Sie erfahren, was ihnen wichtig ist. Außerdem kommen so vielleicht bei Ihnen Ideen für Inhalte auf oder Sie wissen, was Sie streichen können. Sie können für die Umsetzung der Umfrage eigene Fragen entwickeln oder Sie nutzen dazu die Kopiervorlage in diesem Buch (siehe Seite 81).

Je mehr **Rückmeldungen** Sie von den Eltern haben, desto eher können Sie den Wochenrückblick an die Wünsche/Bedürfnisse der Eltern anpassen. Außerdem wissen Sie so genauer, wie Sie die Wochenrückblicke in Zukunft gestalten sollten. Wundern Sie sich nicht, wenn nur wenige Eltern an der Umfrage teilnehmen, das ist normal. Versuchen Sie dennoch, eine hohe **Teilnahmezahl** zu erreichen:

- ➔ Machen Sie die Teilnahme attraktiv: Vielleicht gibt es etwas zu gewinnen?
- ➔ Lassen Sie den Eltern die Umfrage auf verschiedenen Wegen zukommen (per E-Mail, physisch in Papier-Form, als Onlineumfrage).
- ➔ Bitten Sie die Eltern, sich an der Umfrage direkt vor Ort zu beteiligen (beispielsweise während sie auf ihr Kind warten).
- ➔ Bieten Sie Eltern bei Sprachbarrieren an, die Umfrage gemeinsam mit Ihnen auszufüllen. (Hierbei ist dann jedoch keine Anonymität mehr gegeben.)
- ➔ Machen Sie überall – in der Kita mit Aushängen, über die Kommunikation durch die betreuenden Erzieher*innen, den Elternrat oder per E-Mail – auf die Umfrage aufmerksam.
- ➔ Setzen Sie eine Deadline (ein Enddatum), bis wann die Umfrage ausgefüllt und zurückgegeben/-gesandt sein muss.

Was Sie bei der Umfrage beachten müssen:

- ➔ Geben Sie die Möglichkeit, anonym zu antworten.
- ➔ Versuchen Sie die Fragen klar/deutlich/kurz und eindeutig zu formulieren.
- ➔ Machen Sie transparent, wie viel Zeit die Teilnahme an der Umfrage benötigt.
- ➔ Nutzen Sie unterschiedliche Arten von Fragen (Skala, Schätzfragen, Multiple-Choice-Fragen, offene Fragen).

KOPIERVORLAGE: Umfrage zum Wochenrückblick

1. Lesen Sie den Wochenrückblick?

☐ Ja ☐ Nein

2. Wenn ja, wie häufig?

☐ jede Woche
☐ ein- bis 2-mal pro Monat
☐ andere Option: ....

3. Wann lesen Sie den Wochenrückblick?

....

....

4. Welche Informationen vom Wochenrückblick sind besonders wichtig für Sie?*

☐ Speiseplan
☐ besondere Aktionen
☐ Aktivitäten im Freispiel
☐ Themen in der Kita
☐ Bildungs- und Förderschwerpunkte
☐ Sonstiges: ....

5. Was steht im Wochenrückblick nicht, worüber Sie gern mehr lesen möchten?

....

....

6. Was mögen Sie am Wochenrückblick besonders gern?

....

....

7. Wie mögen Sie den Wochenrückblick am liebsten?

☐ als Aushang ☐ digital

8. Möchten Sie uns sonst noch etwas zum Wochenrückblick mitteilen?

....

....

9. Wie empfinden Sie das Intervall des Wochenrückblicks?*

☐ Wöchentlicher Rückblick ist gut.
☐ Ich würde mich über einen täglichen Rückblick freuen.
☐ Einmal im Monat würde auch reichen.

*Mehrfachnennungen sind möglich.

Mini-Werkzeuge

Im Folgenden finden Sie sieben hilfreiche Mini-Werkzeuge für Ihre **Planung und Transparenz**, die Sie ganz einfach in Ihren Kita-Alltag integrieren können.

1. Farbcodes

Mit farbigen Stiften oder Textmarkern lässt sich vieles mit System markieren. Auch Klebezettel sowie Aufkleber gibt es in unterschiedlichen Farben/Formen (z. B. farbige Punkte).

Es gibt viele Möglichkeiten, wie Sie Farben als Code verwenden können. Farben ermöglichen Ihnen anders als das geschriebene Wort, Sachverhältnisse auf einen Blick zu erkennen, z. B.:

- **Personen-/Gruppenbezug:** Verwenden Sie bestimmte Farben, um zu kennzeichnen, für welche Gruppe die Info relevant ist.
- **Themenbezug:** Mit Farben lassen sich auch bestimmte Themen sortieren. Das eignet sich z. B. für Ihre regelmäßigen Angebote, wie Turnen, Vorschule usw.
- **Dringlichkeit:** Die Farbe Rot gilt als Signalfarbe. Alle Aufgaben und Informationen, die sehr wichtig und dringend sind, werden also rot markiert. Sie arbeiten dann erst die rot markierten Aufgaben ab, bevor Sie zu den gelb oder grün markierten übergehen.
- **Sonstiges:** Farben helfen den Kindern auch, sich zu orientieren, indem Sie diese z. B. für die einzelnen Wochentage verwenden (z. B.: „Immer am roten Tag gehen wir turnen.").

2. Symbole

Ähnlich wie Farbcodes dienen Symbole dazu, auf einen Blick Sachen kenntlich zu machen und den Kindern Dinge visuell darzustellen. Beispielsweise können Sie für Dringendes ein Ausrufezeichen verwenden.
Symbole sind schneller zu erfassen und schneller zu zeichnen als Wörter. So können Sie Symbole auch für die Überschriften von Listen verwenden.

3. Vordrucke gestalten

Beispiel: Sie müssen einen Aushang machen, weil Ihr Vorrat von Taschentüchern oder Malpapier aufgebraucht ist. Nun können Sie diesen Aushang anfertigen und haben damit Ihre Aufgabe erledigt. Oder aber Sie entwickeln einen Standard-Aushang, den Sie immer wieder an Ihren Bedarf anpassen können. Sie sparen damit nicht nur Papier, sondern auch Zeit ein. Der Aushang könnte beispielsweise folgendermaßen aussehen:

> Liebe Eltern,
> leider ist unser Vorrat an
>
> ....
>
> aufgebraucht.
>
> Wir freuen uns über
> zahlreiche Spenden.
>
> Vielen Dank,
> Ihre Käfer-Gruppe

Mini-Werkzeuge

Die meisten Aushänge können Sie einmal ordentlich gestalten, laminieren und dann immer wieder benutzen. Lassen Sie dabei Lücken, um diese dann entsprechend zu füllen.
Auch Protokolle, der Ablauf einer Teamsitzung und weitere, häufig benutzte Materialien eignen sich, um daraus Vordrucke zu erstellen. Wenn Sie diese am Computer speichern, dann lassen sie sich problemlos bei Bedarf verändern.
Nehmen Sie sich einmal die Zeit für solche Vordrucke und speichern Sie diese vernünftig ab (damit Sie sie auch wiederfinden), dann sparen Sie dadurch in Zukunft Zeit.

4. Zeitsparende Systeme, Standards und Routinen

Etablieren Sie Systeme und Standards, die Ihnen helfen, Zeit zu sparen. Dazu zwei Beispiele:

- Immer freitags nach dem Morgenkreis schreiben wir den Wochenrückblick.
- Immer in der letzten Woche des Monats sortieren wir auf der Info-Wand nicht mehr Benötigtes aus.

5. Warte- und Leerzeiten nutzen

Trainieren Sie sich an, Leerzeiten sinnvoll zu füllen und Kleinigkeiten währenddessen zu erledigen. Dazu drei Beispiele:

- Sie warten darauf, dass Wasser im Wasserkocher heiß wird? Machen Sie sich ein paar Notizen für den nächsten Wochenrückblick.
- Sie warten darauf, dass der Kopierer die Kopien ausspuckt? Prüfen Sie in der Zeit, ob die Aushänge alle noch aktuell sind. Sonst schaffen Sie Platz für neue Informationen.
- Sie warten im Teamraum darauf, dass die Besprechung beginnt und alle da sind? Überlegen Sie sich drei Dinge, die Sie den Eltern noch transparent machen können.

6. Batching

Multitasking ist keine gute Idee, da Ihnen dabei die Aufmerksamkeit abhandenkommt. Produktiv hingegen ist die Methode des sogenannten „Batchings" anzuwenden. „To batch something" bedeutet, übersetzt aus dem Englischen, „etwas zu stapeln". Angenommen, Sie möchten Bücher in den Keller bringen, dann tragen Sie ja nicht jedes einzelne Buch hinunter, sondern stapeln diese. Dadurch müssen Sie nur einmal gehen und sparen sich Zeit.
Beim Batching werden ähnliche Aufgaben gebündelt. Das hilft zum einen, Energie zu sparen, da sich Ihr Gehirn nur mit einer Aufgabe beschäftigen muss, und zum anderen sparen Sie Zeit, da Sie alle benötigten Materialien nur einmal hervorholen bzw. anschalten müssen.

Beispiel

Nehmen Sie sich eine Vorbereitungs- oder eine Teamzeit und machen Sie eine Liste mit Materialien, die Sie den Eltern vorstellen möchten. Dann gehen Sie herum und fotografieren alle Materialien einmal. Danach nehmen Sie sich ein Material nach dem anderen vor und schreiben einen Text dazu. Nun haben Sie für die nächste Zeit Aushänge (oder Inhalte für einen Newsletter) vorproduziert. Immer wieder einmal können Sie den Eltern davon einen vorstellen. Gleiches funktioniert auch mit Räumen oder Tätigkeiten, die Sie mit den Kindern regelmäßig wiederholen, wie z. B. der Turnstunde oder dem Morgenkreis.

52 x Wochenrückblick

Ein Jahr hat 52 Wochen. Sollte Ihre Einrichtung alle **52 Wochen im Jahr** geöffnet haben, dann macht das 52 Wochenrückblicke im Jahr. Im Folgenden finden Sie in der Ideenwerkstatt 52 Ideen, damit Sie auf das ganze Jahr vorbereitet sind (siehe ab Seite 85). Betrachten Sie die Ideen als **Inspiration**. Sie können alles auf Ihre individuellen Bedürfnisse in Ihrer Kita anpassen. Es lassen sich beispielsweise auch Ideen kombinieren oder auf mehrere Wochen ausweiten. Sie können eine Idee für einen Tag benutzen oder aber für die ganze Woche. Wenn Sie bereits regelmäßig einen Wochenrückblick schreiben, können Sie die Ideen nutzen, um diesen zu ergänzen.

Die Fülle an Ideen können Sie für Ihre Zwecke ausnutzen, **um transparenter nach außen zu werden und den Eltern mehr von sich, Ihrer Arbeit und dem Erleben der Kinder zu zeigen.** Manche dieser Ideen können nur zu bestimmten Zeitpunkten angewendet werden. Andere wiederum brauchen ein wenig Vorlaufzeit. Mit Planung sparen Sie sich Zeit bei der Erstellung des Wochenrückblicks, denn einige Ideen lassen sich gut vorbereiten (beispielsweise Ideen, bei denen Sie Material vorstellen). So haben Sie etwas parat, wenn Sie es einmal in einer Woche nicht schaffen, den Rückblick zu schreiben.

Idee 1 „Kindersprüche aufschreiben" ist beispielsweise etwas, wozu Sie wahrscheinlich eine Zeit lang zunächst die Sprüche der Kinder erst sammeln müssen, ehe Sie genug für den Wochenrückblick zusammenhaben. Diesen können Sie dann anwenden, wenn Sie einmal eine ruhige Woche hatten oder nicht viel Zeit, um den Rückblick zu schreiben.
Denken Sie dabei immer an die **DSGVO** und stellen Sie diese sicher. Legen Sie im Team fest:

- ➔ Wo wird der Wochenrückblick hängen?
- ➔ Was dürfen wir dort veröffentlichen?

Bei den Ideen sind Fotos, Aussagen der Kinder u. Ä. dabei. Deshalb muss klar sein:

- ➔ Dürfen die Kinder per Foto oder Video gezeigt werden?
- ➔ Kann der Vorname von Kindern zu sehen sein? (Z. B. im Zusammenhang mit einem Zitat)
- ➔ Wie sieht es mit Kunstwerken aus?

Überlegen Sie sich Alternativen und Lösungen, wenn es der Datenschutz (oder die fehlende Einwilligung der Eltern) nicht zulässt, dass Sie Bestimmtes präsentieren. Beispielsweise statt die Kinder mit dem Material zu fotografieren, fotografieren Sie nur das Material oder statt die Namen zu schreiben, verwenden Sie Buchstaben oder Zahlen (z. B. „Kind 1: ‚Ich habe so schön mit dem Matsch gespielt.'").

Diese Ideen können Sie auch **für andere Zwecke verwenden**. Vieles aus dem Kita-Leben ist den Eltern nicht klar oder nicht bekannt. Indem Sie diese Sachen präsentieren, bekommen die Eltern mehr Informationen zu Ihrem Angebot. Eltern kommen nicht auf den Einfall, nach den meisten der im Folgenden aufgeführten Ideen zu fragen. Sie freuen sich aber, wenn Sie ihnen davon berichten. Nutzen Sie die Ideen auch für:

- ➔ einen Elternabend,
- ➔ im Rahmen eines Newsletters,
- ➔ um neuen Eltern etwas aus Ihrer Einrichtung vorzustellen,
- ➔ einfach als separaten Aushang oder Ausstellung,
- ➔ für die Homepage der Kita.

So kann der Wochenrückblick Ihre transparente Arbeit optimal unterstützen, ergänzen und Ideen dafür liefern.

IDEENWERKSTATT: 52 Ideen für Ihren Wochenrückblick (1/17)

Eine oder mehrere der hier 52 aufgeführten Ideen können entweder nur einen Teil in Ihrem Wochenrückblick ausmachen oder Sie können mit einer der Ideen Ihren ganzen Wochenrückblick gestalten. Nehmen Sie sich das aus der Ideensammlung, was Sie für Ihren Wochenrückblick brauchen!

1. **Kindersprüche aufschreiben (benötigt Vorlaufzeit)**
   Sammeln Sie eine Zeit lang witzige Aussagen, Sprüche und Antworten der Kinder und schreiben Sie diese wortwörtlich auf.

Tipp 

Benutzen Sie für jeden Spruch einen kleinen Notizzettel oder eine Karteikarte und schreiben Sie den Namen und das Alter des Kindes auf die Rückseite. Nach einiger Zeit können Sie mithilfe der Notizen einen Rückblick gestalten, indem Sie die Kärtchen aufkleben. Wenn Sie den Wochenrückblick wieder abnehmen, sortieren Sie die Kärtchen beispielsweise in die Portfolio-Ordner der Kinder und beginnen eine neue Sammlung.

2. **Unsere Woche in gemalten Bildern**
   Lassen Sie die Kinder die Woche in Bildern malen und hängen Sie diese aus mit dem Hinweis: „Unsere Woche in Bildern". Gemalt werden kann entweder von der ganzen Gruppe oder nur von einzelnen Kindern. Geben Sie dazu den Kindern einen klaren Auftrag, wie z. B.:
   - → Male auf, womit du die letzten Tage gespielt hast.
   - → Was hat dir in der Kita besonders gefallen? Male das mal auf.
   - → Wir malen jetzt mal, was wir diese Woche in der Kita gemacht haben.

Tipp 

Bei U3-Kindern können Sie beispielsweise einen Handabdruck eines jeden Kindes machen und dazuschreiben, womit sich das Kind die Woche beschäftigt hat.

3. **Unsere Woche in Fotos (kann vorbereitet werden)**
   Sie können die Woche nur mit Fotos darstellen, nach dem Motto: Ein Bild sagt mehr als Worte. Fotografieren Sie dazu Materialien, Orte und Aktionen aus der Woche.

Tipp 

Bilden Sie einen typischen Wochenablauf einmal mit Fotos nach. Wenn es am Montag beispielsweise immer Müsli gibt, dann kleben Sie für Montag ein Foto vom Müsli in den Wochenrückblick.

IDEENWERKSTATT:
52 Ideen für Ihren Wochenrückblick (2/17)

4. **Unsere Woche in Kunstwerken**
   Eine kleine Kunstausstellung ist einmal eine andere Art der Präsentation. Schreiben Sie in den Wochenrückblick, was das Thema der Gestaltung war (z. B. Müllverwertung) und wo die Ausstellung zu besichtigen ist (falls sie es nicht in unmittelbarer Umgebung des Wochenrückblicks ist).

Tipp

Beschreiben Sie im Wochenrückblick kurz, wie das Projekt zustande gekommen ist oder was Sie vermuten, warum die Kinder so intensiv gewerkelt haben.

5. **Unsere Woche in Worten**
   Schreiben Sie einfach nur einzelne Schlagworte ohne weitere Beschreibungen ein (z. B. „Regenspaziergang", „Regenwurmbeobachtung", „Vorlesen von Wetterbüchern", „Regenlied", „Wassertropfenbilder").

Tipp

Versuchen Sie, die Begriffe so herauszuarbeiten, dass sofort ein Bild dazu im Kopf entsteht (siehe genannte Schlagworte). Sie sollten nicht „Gemalt" schreiben, denn da entsteht kein Bild im Kopf.

6. **Unser Wochen-Highlight**
   Wählen Sie ein besonderes Highlight der Woche aus und beschreiben Sie dieses, stellvertretend für die gesamte Woche, ausführlicher, z. B. so:
   „Diese Woche wünschten sich die Kinder eine richtige Disco. Dazu gestalteten wir den Nebenraum entsprechend, indem wir Lichterketten an die Wände hängten und einen Lichtprojektor aufstellten, der bunte Kreise an die Wände warf. Die meisten Möbel und das Spielzeug räumten wir gemeinsam mit den Kindern aus dem Raum. Den Boden bedeckten wir mit Turnmatten. Natürlich durfte auch die entsprechende Musik nicht fehlen. Zwischendurch verwandelte sich unsere Disco in einen Entspannungsraum, in dem Entspannungsmusik oder einer Geschichte gelauscht werden konnte."

Tipp

Berichten Sie auch von einzelnen Details. Bei dem Beispiel mit der Disco können Sie berichten, was die Kinder während der Disco gemacht haben, was die liebsten Lieder waren und welche Entspannungsgeschichten erzählt wurden.

IDEENWERKSTATT: 52 Ideen für Ihren Wochenrückblick (3/17)

7. **Dabei helfen wir im Kita-Alltag (kann vorbereitet werden)**
Immer wieder nutzen Sie Situationen im Alltag, um mit den Kindern Übungen des praktischen Lebens durchzuführen. Dabei sind hauswirtschaftliche, handwerkliche und gestalterische Tätigkeiten gemeint, wie z. B. Möbel aufbauen, Obst schneiden, Wäsche falten, Laub kehren usw. Erst beschreiben Sie kurz die Tätigkeit und dann zeigen Sie auf, was die Kinder dabei schon können und wie genau sie dabei helfen. Außerdem können Sie noch berichten, wie das die Kinder in ihrer Entwicklung fördert.

Tipp 

Wählen Sie eine Tätigkeit, die in dieser Woche besonders im Fokus stand oder an der die Kinder viel Interesse zeigten.

8. **Themen der Woche (der Kinder)**
Sie können sich ein Thema für eine Woche auswählen und dieses näher beschreiben und aus verschiedenen Blickwinkeln beleuchten, beispielsweise Zeitumstellung: Zeit, Uhren, Jahreszeiten, Sonnenaufgang und Sonnenuntergang, hell und dunkel. Die Kinder stellten fest, dass es morgens dunkler ist, dass Erwachsene an der Uhr rumspielen, dass es abends länger hell ist, dass die Uhr im Kreis läuft usw.

Tipp 

Stattdessen können Sie auch verschiedene Themen stichpunktartig einmal auflisten und/oder näher beschreiben, z. B. Bauarbeiten, Prinzessinnenspiel, Suppe kochen, Staudamm. Diese Themen spielten die Kinder in unterschiedlichen Umgebungen. So waren die Bauarbeiter*innen mit den Bausteinen beschäftigt und im Sandkasten mit den Schaufeln. Suppe wurde in der Matschküche, aber auch in der Puppenecke gekocht. Außerdem entstand eine Suppe aus Bastelschnipseln in kleinen Schälchen usw.

9. **Einblicke in unsere Freispielzeit (kann vorbereitet werden)**
Zeigen Sie doch einmal, was die Kinder im Freispiel so machen. Gut geeignet sind hier Fotos, auf denen die Kinder nicht zu sehen sind, aber die voller Leben stecken. Das kann sein: ein Maltisch, der voll mit Farbe oder Materialien ist; der Baubereich, auf dem prachtvolle Gebilde stehen; oder ein Bild davon, wie es aussieht, nachdem die Kinder die Kiste mit den Kastanien ausgeschüttet haben.

Tipp 

Zeigen Sie in einer Woche das Freispiel drinnen und in einer anderen das Freispiel draußen.

IDEENWERKSTATT:
52 Ideen für Ihren Wochenrückblick (4/17)

10. Unser Morgenkreis diese Woche

Es gibt diese Wochen, in denen besonders viel musiziert oder gesungen wird. Haben Sie so eine Woche? Dann stellen Sie den Eltern vor, wie diese aussah. Berichten Sie z. B. davon:

- ➔ Welche Lieder wurden gesungen?
- ➔ Wie wurden die Lieder begleitet?
- ➔ Welche Instrumente kamen zum Einsatz?
- ➔ Wie haben Sie den Kindern ein neues Lied beigebracht?
- ➔ Welchen Ohrwurm wurden Sie nicht los?
- ➔ Was kam zusätzlich zum Einsatz? (Tanz, Rollenspiel, Bewegung, Rhythmik, Reime)
- ➔ Welche Inhalte und Themen kommen in den Liedern vor?

Tipp

Hängen Sie die Liedtexte oder Links zu Musikvideos dazu aus. Wenn es Ihre technischen Fähigkeiten zulassen, evtl. mithilfe eines QR-Codes.

11. Was wir diese Woche gelernt haben

Kennen Sie die Situation, dass die Kinder manchmal Fragen aus ihrem Spiel oder Alltag mitbringen und sich daraus ein Thema für die ganze Gruppe ergibt (z. B. Uhrumstellung oder Paarungszeit bei Tieren)? Oder in Gruppen mit jüngeren Kindern, wo auf einmal alle etwas Neues können (z. B. Laufen, mehr Wörter sprechen, den Wasserhahn öffnen)?

Tipp

Gestalten Sie doch ein Quiz für die Eltern. Manchmal ist man ja überrascht, was die Kinder alles so aufschnappen und behalten. Sie können jeden Tag eine Frage stellen, die Ihnen mindestens ein Kind aus der Gruppe beantworten kann. Vielleicht möchten Sie die Fragen auch gemeinsam mit den Kindern erstellen. In der Woche danach gibt es dann die Auflösung (z. B.: War der Gigantosaurus ein Fleisch- oder Pflanzenfresser? Antwort: Fleischfresser; Welcher ist der größte Planet? Antwort: Jupiter).

12. Wir stellen unser Spielmaterial vor (kann vorbereitet werden)

Hier können Sie sogar eine kleine Ausstellung zum Anfassen machen. Stellen Sie die beliebtesten Spielzeuge vor oder konzentrieren Sie sich auf eine Kategorie von Spielzeugen (z. B. Puzzle, Konstruktion oder Naturmaterialien). Sie können auch ein Spielmaterial ausführlich vorstellen.

IDEENWERKSTATT: 52 Ideen für Ihren Wochenrückblick (5/17)

Tipp 

Neben der Vorstellung können Sie beschreiben, was die Kinder bei diesem Spielzeug für Erfahrungen machen und wie sich das auf ihre Entwicklungs- und Bildungsprozesse auswirkt. Dadurch helfen Sie den Eltern, gutes Spielzeug für ihre Kinder auszuwählen.

13. **Was wir draußen machen**
    Stellen Sie ein paar Aktivitäten vor, die die Kinder im Außengelände bei Ihnen machen. Sie können diese beschreiben, sie erzählen, die Kinder befragen oder auch Fotos zeigen.

Tipp 

Zeigen Sie einmal die „dreckigen" Seiten des Spiels im Außengelände, z. B. bei Regen oder beim Malen mit Kreide.

14. **Unsere liebsten Lieder**
    Phasenweise gibt es ein paar „Number One Hits". Stellen Sie diese Lieder einmal vor. Welches Lied wird immer wieder gewünscht oder beim Spiel vor sich hingesungen? Bei welchem Lied stimmt ein Kind an und alle anderen stimmen mit ein?

Tipp 

Wenn Sie Zeit haben, versuchen Sie einmal, zu analysieren, was den Kindern an den Liedern gefällt, und teilen Sie dies den Eltern im Wochenrückblick mit.

15. **Erzieher*innen berichten von ihrer Fortbildung**
    Zeigen Sie, dass Sie sich weiterbilden, und lassen Sie die Eltern an Ihren Erkenntnissen teilhaben, so z. B.: „Diese Woche hatten wir eine Weiterbildung zum Thema ‚Erste Hilfe am Kind'. Dafür sind wir sehr dankbar, denn dadurch fühlen wir uns auf den Ernstfall vorbereitet und sicherer im Umgang mit Unfällen und Co."

Tipp 

Achten Sie darauf, dass Sie nur einen Überblick oder eine Erkenntnis weitergeben – etwas, das die Eltern erfahren dürfen und interessant für sie ist, beispielsweise: „Wir hatten eine Supervision und dabei kamen einige Teamkonflikte zur Sprache ...", sollten Sie den Eltern besser nicht weitergeben.

IDEENWERKSTATT:
52 Ideen für Ihren Wochenrückblick (6/17)

16. Unsere mathematischen Erfahrungen (setzt Beobachtungen voraus)

Beobachten Sie in einer Woche intensiv: Wo machen die Kinder in ihrem Alltag mathematische Erfahrungen? Schauen Sie genau hin: bei welchen Materialien, in welchen Räumen, bei welchen Aktivitäten? Mathematik besteht aus verschiedenen Elementen: Zahlen kennenlernen, Zählen, Formen kennen- und unterscheiden lernen, Mengen erfassen, Mengen vergleichen usw.

Tipp

Stellen Sie eine normale Tätigkeit aus dem Kita-Alltag vor und konzentrieren Sie sich dabei auf die mathematische Entwicklung. Zeigen Sie z. B., wie die Kinder bei einem Fingerspiel „Der Erste ... der Zweite ..." usw. erlernen.

17. Unsere naturwissenschaftlichen Erfahrungen

Naturwissenschaftliche Erfahrungen machen Kinder vor allem draußen in der Natur, aber Sie können sich auch die Natur in die Kita holen. Für diesen Wochenrückblick eignen sich Tier- und Pflanzenthemen, aber auch Experimente.

Tipp

Sie können diese Erfahrungen mit einem weiteren Bildungsbereich verknüpfen und z. B. aufzeigen, wie wichtig Sinneswahrnehmung bei der Erkundung der Natur ist.

18. Unsere sprachlichen Erfahrungen

Tagtäglich kommunizieren Sie mit den Kindern und somit gibt es auch täglich sprachliche Angebote. Nehmen Sie sich einmal konkrete Beispiele heraus und zeigen Sie anhand derer, wie Kinder sprachlich gefördert werden. Haben sie beispielsweise neue Wörter gelernt, einen Reim aufgesagt, ein Lautspiel o. Ä.?

Tipp

Stellen Sie jeden Tag eine andere sprachliche Gegebenheit vor: Montag ein Fingerspiel, Dienstag ein Rätsel usw.

19. Unsere liebsten Bücher

Stellen Sie doch einmal Bücher vor, die Sie sich aktuell mit den Kindern anschauen, die Sie den Kindern, passend zu aktuellen Themen, zur Verfügung stellen oder vorlesen. Beschreiben Sie dazu im Wochenrückblick die Inhalte der Bücher oder welche Stellen den Kindern besonders gefallen haben.

IDEENWERKSTATT: 52 Ideen für Ihren Wochenrückblick (7/17)

Tipp

Lassen Sie alternativ jeden Tag ein anderes Kind sein liebstes Kita-Buch vorstellen.

20. Schätze, die wir diese Woche in der Natur gefunden haben

Haben Sie einen Waldtag gemacht, waren Sie mit den Kindern spazieren oder haben die Kinder besondere Naturschätze im Außengelände gefunden? Gestalten Sie mit den Kindern eine kleine Ausstellung dazu und verweisen Sie im Wochenrückblick auf die Ausstellung.

Tipp

Schreiben Sie dazu, dass in den Augen von Erwachsenen diese „Schätze" oft Müll oder einfach nur „Steine" sind. Befragen Sie die Kinder, was sie an den Schätzen finden und was das für Schätze für sie sind.

21. Bilder, die wir diese Woche gemalt haben

Stellen Sie doch einmal die typischen „Produktionsbilder" von Kindern aus: diese mit nur einem Strich darauf oder die, bei denen das Kind einfach nur etwas ausprobiert hat – Bilder, die irgendwann im Müll landen.

Tipp

Beschreiben Sie dazu im Wochenrückblick, wie wichtig das „Spurenhinterlassen" für Kinder ist oder warum sie einzelne Tätigkeiten gern so oft wiederholen und wie sie dadurch sich selbst etwas beibringen.

22. Fotos, die wir diese Woche gemacht haben

Lassen Sie die Kinder eine ganze Woche Fotos machen. Am Ende stimmen Sie gemeinsam mit ihnen über die schönsten Fotos ab und Sie hängen diese im Wochenrückblick aus. Bringen Sie dazu den Kindern den richtigen Umgang mit der Kamera bei.

Tipp

Sie können daraus auch eine Foto-Projektwoche machen. Die Kinder können beispielsweise jeden Tag Bilder von Materialien und Orten machen, die eine andere Form (oder Farbe) besitzen, sodass jeder Tag ein Motto hat. Diese Fotos können Sie dann zu einer Collage zusammenfügen, z. B. „Formen": am Montag Kreise, am Dienstag Rechtecke usw.

IDEENWERKSTATT:
52 Ideen für Ihren Wochenrückblick (8/17)

23. Was wir diese Woche gebastelt haben

Präsentieren Sie den Eltern, was gebastelt wurde. Beschreiben Sie im Wochenrückblick, welche Materialien zum Einsatz kamen und wie die einzelnen Bastelschritte Ihnen dabei helfen, die Entwicklung der Kinder zu beobachten, zu dokumentieren und zu fördern.

Tipp

Hier können Sie super Vorher-Nachher-Situationen zeigen. Geben Sie dazu den Kindern unterschiedliche Bastelmaterialien und lassen Sie sie frei basteln. Stellen Sie die gleichen Materialien (möglichst auch als Foto) auf einen Tisch, den Sie benennen mit „Vorher". Auf einen zweiten Tisch stellen Sie die fertigen Kunstwerke mit dem Begriff „Nachher".

24. Das spielen wir in der Puppenecke/im Rollenspielraum

Hier können Sie die Materialien oder Spielthemen der Kinder vorstellen. Werden Sie dabei ruhig spezifisch. Statt einfach nur zu schreiben: „Prinzessin und Ritter", schreiben Sie z. B.: „Die Ritter mussten die Prinzessin vor dem Drachen beschützen und dann sind sie gemeinsam durch die Puppenecke geritten".

Tipp

Wenn Sie ein bestimmtes Thema für den Rollenspielraum haben und ihn zu diesem Thema gestalten, passt es auch, einmal mehr davon zu präsentieren.

25. Das spielen wir auf dem Bauteppich

Beschreiben Sie die aktuellen Spiele und Konstruktionen der Kinder oder zeigen Sie diese mithilfe von Fotos. Sie können auch die Kinder selbst erzählen lassen, was sie da gebaut haben, und wortwörtlich als Zitat mitschreiben.

Tipp

Fotografieren Sie die Gebäude/Gebilde/Baustrecken der Kinder und suchen Sie (oder lassen Sie die Kinder suchen) Bilder von echten Gebäuden heraus, die so ähnlich aussehen. Dazu können Sie beispielsweise (Architektur-)Zeitschriften verwenden. Hängen Sie beides nebeneinander aus.

26. Das machen wir am Maltisch/im Atelier (kann vorbereitet werden)

Erzählen Sie davon, was die Kinder am Maltisch/im Atelier alles machen können. Stellen Sie verschiedene Materialien vor.

IDEENWERKSTATT:
52 Ideen für Ihren Wochenrückblick (9/17)

Tipp

Zeigen Sie auf, wie die Kinder sich hier selbstständig zurechtfinden und um Materialien kümmern, z. B. einen Malkittel anziehen und sich diesen gegenseitig schließen, eine Maldecke auf den Tisch legen, die Stifte nehmen, ein Bild auf den Trockenwagen legen usw.

27. Unsere liebsten Gesellschaftsspiele

Präsentieren Sie ein Spiel ausführlich oder stellen Sie mehrere vor. Welche Schwerpunkte haben die Spiele oder warum lieben die Kinder diese Spiele?

Tipp

Bei U3-Kindern können Sie stattdessen auch erste Puzzle/Steckspiele u. Ä. vorstellen.

28. Unsere Gespräche

Ob beim Essen, im Gesprächskreis oder beim Vorlesen, immer wieder ergeben sich tolle Gespräche mit den Kindern. Lassen Sie die Eltern daran teilhaben, indem Sie diese Gespräche aus der Erinnerung wiedergeben und so davon berichten.

Tipp

Sie können gezielt die Gespräche schriftlich festhalten (wenn Sie zu zweit sind, führt eine Person die Gespräche mit den Kindern und die andere notiert das Gesagte möglichst wortwörtlich) und dann aushängen. Für Eltern können die Gruppenprozesse, die darin stecken, sehr spannend zu lesen sein. Bezeichnen Sie die Kinder dann mit Buchstaben, z. B.: Der*die Erzieher*in fragt: „Seid ihr schon einmal an einem Strand gewesen?“ Die Kinder rufen alle laut: „Ja.“ Kind A sagt: „Als ich einmal mit meinen Eltern am Strand war, da hat eine Möwe dem Papa auf den Kopf gemacht.“ Alle Kinder lachen. Kind B sagt: „Bei meinem Strand gab es auch Möwen.“

29. Unsere Sommererfahrungen (temporär möglich)

Jede Jahreszeit hat ihre Besonderheiten. Was erleben die Kinder im Sommer Besonderes? Welche sommerspezifischen Impulse können Sie setzen?

IDEENWERKSTATT:
52 Ideen für Ihren Wochenrückblick (10/17)

Tipp 

Im Sommer ist es oft einfacher, ganzkörperliche Sinneserfahrungen zu machen: im Wasser planschen, sich in den Matsch setzen, die Beine im Sand vergraben usw. Erzählen Sie im Wochenrückblick davon.

30. Unsere Herbsterfahrungen (temporär möglich)

Im Herbst färben sich die Blätter und fallen. Es gibt draußen viel zu sammeln: Nüsse, Kastanien und Co. Viel Spannendes bringt der Herbst mit. Erzählen Sie, wie Sie den Herbst gemeinsam mit den Kindern entdecken und welche Themen die Kinder mitbringen und besonders interessieren.

Tipp 

Statt des üblichen Wochenrückblicks können Sie die Kinder gemeinsam ein riesiges Bild in Plakatgröße zum Thema „Herbst" gestalten lassen. Nutzen Sie dazu Naturmaterialien und Zeitschriften und Kataloge, z. B. auch Werbeprospekte von Gärtnereien und Bauhäusern, aus denen die Kinder Bilder ausschneiden können. So entsteht eine kunterbunte Herbstcollage.

31. Unsere Wintererfahrungen (temporär möglich)

Der Winter ist oft die Jahreszeit, in der Sie mehr singen, Geschichten erzählen und gestalten. Sammeln Sie mit den Kindern Ideen, was Sie während der Winterzeit machen können. Schreiben Sie die Ideen als Liste auf. Erklären Sie den Kindern, dass Sie nicht alles umsetzen können, aber einiges. Hängen Sie diese Liste aus. Immer wenn Sie etwas von den Aktivitäten gemacht haben, dann haken Sie diese ab.

Am Ende des Winters reflektieren Sie gemeinsam mit den Kindern die Liste und dokumentieren diese Reflexion auch für die Eltern.

Tipp 

Der Winter ist auch eine ideale Zeit für Experimente mit Kälte und Eis. Wie bei einem echten Experiment stellen Sie mit den Kindern vor der Durchführung Überlegungen an, was wohl passiert (z. B. wenn Sie das Wasserglas über Nacht nach draußen stellen). Halten Sie die Überlegungen schriftlich fest. Führen Sie mit den Kindern das Experiment aus und lassen Sie sie erzählen, was passiert ist. Präsentieren Sie den Verlauf und die Ergebnisse den Eltern im Wochenrückblick.

IDEENWERKSTATT:
52 Ideen für Ihren Wochenrückblick (11/17)

32. Unsere Frühlingserfahrungen (temporär möglich)

Der Frühling eignet sich vor allem, um erste Momente festzuhalten. Die ersten Blumen, die entdeckt wurden, der erste Gesang der Vögel, das erste Mal ohne Jacke nach draußen gehen usw.

Tipp

Säen oder pflanzen Sie etwas (z. B. Kresse) und führen Sie mit den Kindern gemeinsam ein (Foto-)Tagebuch. Damit können Sie einen Prozess darstellen, mit den Kindern erleben und auch für die Eltern dokumentieren.

33. Das sagen wir zur Eingewöhnung

Hier können Sie darüber berichten, wie insgesamt die Eingewöhnungen der neuen Kinder verlaufen sind und wie die Gruppe auf die neuen Kinder reagiert.

Tipp

Sie können auch einmal Eltern berichten lassen. Bitten Sie die Eltern dazu, ein paar Zeilen aufzuschreiben, wie sie die Eingewöhnung empfunden haben, was sie Neues über die Kita erfahren haben und/oder wie es dem Kind in der Gruppe geht. Diese Zeilen können Sie dann aushängen.

34. Was wir im Turnraum machen

Beschreiben Sie, was Sie im Turnraum für Angebote durchführen und welche Schwerpunkte diese Bewegungsangebote haben.

Tipp

Lassen Sie kleine Kindergruppen allein in den Turnraum? Dann stellen Sie vor, wie die Kinder das Freispiel dort nutzen.

35. Das waren diese Woche unsere Überlegungen im Team

Im Team sprechen Sie immer wieder über verschiedene Situationen im Kita-Alltag. Teilen Sie bestimmte Überlegungen den Eltern mit. Das kann z. B. sein:

- ➔ Derzeit wird der Baubereich von den Kindern kaum genutzt, deshalb haben wir uns im Team überlegt, diesen umzugestalten.
- ➔ Wir überlegen, einen „Schlafanzugtag" in der Kita einzuführen. Einmal im Jahr dürfen die Kinder dann im Schlafanzug kommen.
- ➔ Als Team haben wir überlegt, einmal im Monat mit den Kindern ein gesundes Frühstück gemeinsam zu gestalten. Dafür bräuchten wir allerdings Ihre Unterstützung.

IDEENWERKSTATT:
52 Ideen für Ihren Wochenrückblick (12/17)

Führen Sie diese Überlegungen aus. Fragen Sie Eltern nach ihrer Meinung (z. B.: Was halten Sie davon? Sprechen Sie uns gern an.) So kommen Sie mit Eltern ins Gespräch und können gemeinsam neue Ideen entwickeln.

Tipp

Achten Sie darauf, dass Ihre Überlegungen positiv formuliert sind und auf eine Lösung oder ein Ziel hinweisen. Hören Sie sich die Meinung der Eltern nur an, die Entscheidung treffen Sie.

36. Was wir in der Vorschule machen

Auch für Eltern, deren Kinder (noch) keine Vorschulkinder sind, kann es interessant sein, zu erfahren, was in der Vorschule passiert. Berichten Sie von einem Ausflug, welche Aufgaben es für die Kinder gibt, welche Materialien Sie für die Kinder haben und welche Themen aufkommen.

Tipp

Die Vorschulkinder können selbst im Rahmen des Wochenrückblicks vorstellen, was nur sie in der Kita gemacht haben.

37. Wie wir Geburtstag feiern

In manchen Wochen kommen mehrere Geburtstage auf einmal – ein idealer Zeitpunkt, um die Geburtstagsfeier an sich näher zu beleuchten. Beschreiben Sie dabei den typischen Ablauf einer Geburtstagsfeier, wie sie bei Ihnen in der Kita abläuft.

Tipp

Gehen Sie dabei darauf ein, dass der Geburtstag ein Baustein der Identitätsentwicklung ist und Kinder sich mit dem Alter und was dazu gehört, identifizieren (z. B.: „Ich bin jetzt sechs Jahre und ein Vorschulkind").

38. Das steigert unser Gemeinschaftsgefühl

Was passiert in der Gruppe? Wie fördern Sie das Gemeinschaftsgefühl und den Gruppenzusammenhalt der Kinder? Wie entwickelt sich die Gemeinschaft unter den Kindern? Stellen Sie dies einmal im Wochenrückblick dar.

IDEENWERKSTATT: 52 Ideen für Ihren Wochenrückblick (13/17)

Tipp

Dieser Wochenrückblick eignet sich besonders gut im Herbst, wenn der Start des Kita-Jahres einige Zeit zurückliegt und die Eingewöhnungen geschafft sind. Denn dann beginnen die ersten Gruppenprozesse.

39. Das finden wir in der Kita gut

Lassen Sie hier die Kinder berichten. Sie können sie dazu im Interview-Stil befragen, z. B.: Was gefällt dir in der Kita? Was machst du hier gern? Was isst du am liebsten? Was findest du an deiner Gruppe gut?

Tipp

Erstellen Sie für jedes Kind ein kleines Blatt. Für den Wochenrückblick können Sie die Namen der Kinder verbergen. Im Anschluss heften Sie die Antworten in die Portfolioordner.

40. Das erzählen wir gern über unsere Eltern

Eine witzige Aktion ist es, wenn Sie die Kinder einmal über ihre Eltern erzählen lassen und diese Antworten anonym ausstellen. Stellen Sie dazu den Kindern Fragen wie:

- ➔ Was magst du an deinen Eltern?
- ➔ Was machen deine Eltern für dich?

Tipp

Bei Kindern unter drei Jahren beschreiben Sie mehr die Körpersprache der Kinder. Sie können z. B. berichten, wie sehr sich die Kinder freuen, wenn die Eltern sie abholen, oder wie ihre Augen strahlen, wenn Sie sich gemeinsam mit den Kindern über die Eltern unterhalten.

41. Das wünschen wir uns zu Weihnachten (temporär möglich)

Unter diesem Motto können Sie sowohl reale Geschenkwünsche auflisten oder aufzeigen als auch ideale Wünsche aufschreiben. Sie können die Kinder ihre Wunschzettel gestalten lassen, die dann ausgehängt werden.

IDEENWERKSTATT:
52 Ideen für Ihren Wochenrückblick (14/17)

Tipp 

Statt eines Wunschzettels können Sie den Eltern auch Geschenktipps für die Kinder geben, beispielsweise Bücher oder Spielmaterialien. Sie kennen die Kinder und ihr Spielverhalten sehr gut und haben vielleicht eine Idee, auf die die Eltern nicht kommen.

42. Die Erzieher*innen erzählen

Hier können Sie einmal aus dem Nähkästchen plaudern. Erzählen Sie von lustigen Begebenheiten oder etwas, das Sie von den Kindern gelernt haben. Unter dieser Rubrik können Sie auch erzählen, was Sie am liebsten in der Kita machen oder was Sie an Ihrer Arbeit besonders mögen.

Tipp 

Wenn Sie eine Praktikantin oder einen Praktikanten haben, kann diese*r den Wochenrückblick aus der eigenen Perspektive auf den Kita-Alltag schreiben.

43. Ein typischer Tagesablauf bei uns (kann vorbereitet werden)

Wie der Titel schon sagt, schildern Sie in dieser Woche Ihren Tagesablauf. Notieren Sie ruhig einmal die Tageszeiten und dahinter, was zu dieser Zeit bei Ihnen passiert, z. B.: 7:00 Uhr – die Kita öffnet, 7:30 Uhr – die ersten Kinder treffen sich gemeinsam in der Marienkäfergruppe, 8:00 Uhr – das Frühstück steht bereit usw.

Tipp 

Sie können das ruhig einmal für jeden Tag aufschreiben wie einen detaillierten Plan. Auch das kann interessant für Eltern sein und ihnen durch die stundenplanähnliche Aufmachung aufzeigen, dass den ganzen Tag über etwas passiert.

44. Ein typischer Wochenablauf bei uns (kann vorbereitet werden)

Beschreiben Sie einmal eine typische Woche. Oft gibt es an manchen Tagen bestimmte Angebote, z. B. am Dienstag U3-Turnen, am Mittwoch Vorlesepatin usw. Beschreiben Sie für jeden Tag nur ein besonderes Angebot, dafür aber ausführlich.

Tipp 

Alternativ können Sie aufzeigen, wie Sie den Kindern die Wochentage nahebringen und durch bestimmte Ereignisse in der Woche ihnen Orientierung geben, z. B.: Heute ist „Müslitag".

IDEENWERKSTATT: 52 Ideen für Ihren Wochenrückblick (15/17)

45. Das lernen wir in der Kita

Es gibt typische Kita-Sachen, die in der Kita gemacht und gelernt werden. Beschreiben Sie diese in Ihrem Wochenrückblick, z. B.:

- Ich muss meine eigenen Sachen an meine dafür vorgesehenen Plätze bringen.
- Meine Jacke gehört an meinen Haken.
- Meine gemalten Bilder kommen in meine Schublade.

Oder:

- Wenn wir einen Ausflug machen, dann nehme ich meine Partnerin oder meinen Partner an die Hand.
- Wenn das Glöckchen läutet, räume ich auf.

Tipp

Sie können das Ganze auch mit einer Prise Humor würzen. Es gibt so besondere Situationen, die sich in der Kita durch die Gruppendynamik ergeben, z. B.: Ein Kind dippt die Gurke in sein Wasserglas und alle machen es nach. Beschreiben Sie ein paar solcher Situationen.

46. Die Vorschulkinder verabschieden sich (temporär möglich)

Einmal im Kita-Jahr ist es so weit, dass die Vorschulkinder Abschied nehmen. Es ist meist für die gesamte Gruppe ein Abschied. Damit einher geht ein Umbruch, da dann neue Kinder die Einrichtung besuchen werden. Die Gruppe wird sich verändern. Darum ist es ein Abschied für alle. Lassen Sie die Eltern daran teilhaben, indem Sie davon berichten, wie die Vorschulkinder verabschiedet werden.

Tipp

Sie können die Vorschulkinder auch selbst zu Wort kommen lassen, indem diese als Gruppe oder jedes einzeln ein paar Abschiedsworte verfasst (Ihnen diktiert). Gleichzeitig können Sie die schönsten Foto-Momente mit den Vorschulkindern präsentieren.

47. So bereiten wir uns auf Weihnachten vor (temporär möglich)

Zeigen Sie den Eltern, was Sie alles machen, um sich auf Weihnachten vorzubereiten, und wie Sie die Kinder miteinbeziehen. Von der Dekoration über Aktionen, den Adventskalender, Plätzchen backen, Geschichten lesen, Lieder singen und vieles mehr.

Tipp

Erzählen Sie dabei, welche Bedeutung Rituale für Kinder haben.

IDEENWERKSTATT:
52 Ideen für Ihren Wochenrückblick (16/17)

48. So bereiten wir uns auf Ostern vor (temporär möglich)
Beschreiben Sie, wie Sie mit den Kindern das Osterfest gestalten und welche Vorbereitungen dazu in der Gruppe stattfinden, z. B.: Was basteln Sie mit der Gruppe? Welche Lieder und Fingerspiele kommen zum Einsatz?

Tipp

Verstecken Sie im Wochenrückblick etwas. Schreiben Sie z. B. viele Wörter mit „Ei" und lassen Sie die Eltern die „Eier" zählen.

49. So bereiten wir uns auf das St. Martinsfest (Lichter-/Laternenfest) vor (temporär möglich)
Berichten Sie, was Sie gemeinsam in der Kita machen, um sich auf das St. Martinsfest (Lichter-/Laternenfest) vorzubereiten. Wie gestalten Sie diese Zeit?

Tipp

Wie wäre es einmal mit einer Schritt-für-Schritt Darstellung, wie Sie die Laternen mit den Kindern basteln? Dokumentieren Sie die einzelnen Bastelschritte dabei via Foto, so haben die Eltern einen Einblick, welche Schritte, Materialien und Fähigkeiten nötig sind, um eine Laterne zu basteln.

50. So sah unser Projekt diese Woche aus
Hier können Sie den Wochenrückblick, passend zu einem Projekt, das Sie aktuell in der Kita durchführen, vorstellen. Beispielsweise stellen Sie das Projekt bereits aus. Dann schreiben Sie im Wochenrückblick „Behind the scenes" und erzählen, was hinter den Kulissen los ist, z. B.:
Wie ist das Projekt entstanden? Wie hat es sich entwickelt? Welche Fähigkeiten verlangt es von den Kindern? Was lernen die Kinder dabei?

Tipp

Wenn das Projekt über mehrere Wochen geht, wird in diesem „Behind the scenes" besonders die Entwicklung des Projekts deutlich. Beachten Sie, dass Sie das Projekt zu einem klaren Abschluss führen. Der Abschluss kann z. B. die einwöchige Ausstellung am Ende sein.

IDEENWERKSTATT: 52 Ideen für Ihren Wochenrückblick (17/17)

51. Unser Besuch (zu einem bestimmten Zeitpunkt möglich)
Hatten Sie in einer Woche Besuch, dann berichten Sie davon. Das können ehemalige Kinder oder Kolleg*innen sein, auch der zahnmedizinische Dienst oder ein anderer Kooperationspartner, wie z. B. die Polizei oder Feuerwehr.

Tipp

Berichten Sie nicht nur von den offensichtlichen Ereignissen, sondern geben Sie den Eltern auch einen Einblick hinter die Kulissen, z. B.:
„Bevor die Polizistin und der Polizist den Raum betraten, war es wuselig und die Kinder vor Aufregung laut. Manche Kinder berichteten lauthals: ‚Ich habe keine Angst vor der Polizei.' Doch kaum betraten der Mann und die Frau in Uniform den Raum, herrschte unendliche Stille. Im Team konnten wir uns ein Lachen nicht verkneifen, als die Beamtin und der Beamte am Ende meinten: ‚Sie haben aber ruhige Kinder in der Kita „Krabbelwiese".' Wir ließen sie in dem Glaube."

52. Ein besonderes Erlebnis ...
In der Kita gibt es viele besondere Erlebnisse, wie z. B.:

- ➔ nach einer langen Regenperiode endlich wieder schönes Wetter genießen
- ➔ in die ersten Laubberge hüpfen
- ➔ ein paar Schneeflocken fangen
- ➔ ein besonderes Fest feiern (z. B. ein Jubiläum)
- ➔ einen tollen Ausflug unternehmen
- ➔ ein witziges Experiment durchführen

Nehmen Sie sich einmal eine Woche, um von einem besonderen Erlebnis zu berichten. Wie fühlte es sich an? Was war so besonders? Wie haben die Kinder das erlebt? Wie haben Sie es als pädagogische Fachkräfte erlebt? Beschreiben Sie Ihre Freude über das Ereignis und die Bedeutung, diesen Moment schriftlich festzuhalten.

Tipp

Halten Sie diese Erinnerung auch im Portfolio-Ordner der Kinder fest.

Ein paar Worte zum Schluss

In der pädagogischen Qualität nimmt **Transparenz eine besondere Stellung** ein.
Mit Transparenz schaffen Sie Vertrauen und öffnen den Raum für Reflexion. Damit beeinflussen Sie nachhaltig Ihre Erziehungspartnerschaft mit den Eltern. Sie wissen, dass sich diese Partnerschaft positiv auf die Entwicklung der Kinder auswirkt.
Es ist leicht, die Kinder zu begeistern. Sie identifizieren sich mit der Einrichtung: „Das ist meine Kita". Doch wie begeistert sind die Eltern? Können Sie sich mit der Einrichtung identifizieren?
Es fällt den Eltern leichter, wenn sie wissen, was in der Kita geschieht. Eltern müssen sich ein Bild von Ihrer Arbeit machen können und von dem, was ihr Kind dort erlebt.

Transparenz bedeutet in diesem Zusammenhang in erster Linie das, **was bereits da ist, sichtbar zu machen**. Kommunizieren Sie dazu offen, ehrlich und professionell.
Ihnen stehen dazu verschiedene Möglichkeiten und Methoden zur Verfügung von Aushängen über E-Mails bis hin zu Fotos und Videos. Ein ideales Instrument ist auch der Wochenrückblick, um das Geschehen zu zeigen.
Nach der Lektüre dieses Buches wissen Sie nun, wie wichtig Transparenz ist und wie Sie diese herstellen können.

Zum Schluss möchte ich Ihnen noch einen Bonus-Tipp mitgeben: **Seien Sie erreichbar.**

Seien Sie erreichbar und ansprechbar für die Eltern. Nutzen Sie dazu vor allem die Bring- und Abholzeiten, aber auch regelmäßige Entwicklungsgespräche sowie Feiern und Feste.
Überwinden Sie Ihre Ängste, Unsicherheiten und Schüchternheit. Sie müssen nichts von sich privat preisgeben, Sie können ganz einfach Small Talk mit den Eltern über das Kind und die Kita führen. Aber seien Sie da, seien Sie präsent. Geben Sie den Eltern die Möglichkeit, Fragen zu stellen oder in den Austausch mit Ihnen zu kommen.
Sie werden merken, dass sich die Beziehung zu den Eltern positiv verändern wird. Eltern werden Ihnen dankbar für diese Offenheit sein.
Es gibt nichts Schöneres in diesem Beruf als glückliche Kinder und zufriedene Eltern. Sind dann nicht auch Sie zufriedener mit Ihrer Arbeit?

In diesem Sinne wünsche ich Ihnen gutes Gelingen und Freude beim Umsetzen der Ideen aus diesem Buch.

Infos zur Autorin

Rebekka Behrendt wollte schon immer mit Kindern arbeiten oder Bücher schreiben. Sie entschied sich für die Ausbildung zur Erzieherin und arbeitete in einem Internat, bevor sie in den Elementarbereich wechselte. Ihre jahrelange Praxis erweiterte sie mit einem berufsbegleitenden Studium an der Hochschule Koblenz. Neben einem Bachelorabschluss in „Pädagogik der frühen Kindheit" erwarb sie die Anerkennung zur Sozialpädagogin.

Da auch ihr Interesse am Schreiben blieb, begann sie, beides zu verbinden. 2020 erschien ihr erstes Buch „Eingewöhnung in der Kita – mit den Eltern Hand in Hand". Mit ihren Büchern gibt sie pädagogischen Fachkräften praktische Hilfen an die Hand, um die pädagogische Qualität zu verbessern.

Mehr Informationen unter: www.rebekkabehrendt.de

Medientipps

Der Bundesbeauftragte für den Datenschutz und die Informationsfreiheit (BfDI):
www.Bfdi.bund.de (abgerufen am: 16.05.2022)

Deutsches Kinderhilfswerk e. V.:
Vom Bild des Kindes im Mittelalter bis zur UN-Kinderrechtskonvention.
Die Geschichte der Kinderrechte.
www.kinderrechte.de/kinderrechte/geschichte-der-kinderrechte/ (abgerufen am: 16.05.2022)

Franz, Margit (2016):
Heute wieder nur gespielt – und dabei viel gelernt: Den Stellenwert des kindlichen Spiels überzeugend darstellen.
Ensdorf (Oberpfalz): Don Bosco Verlag.

Gräßer, Melanie (2019):
Portfolio, Lerngeschichten & Co.: Entwicklungsschritte von Kita-Kindern erkennen, sichtbar machen und dokumentieren.
Stuttgart: Verlag Klett Kita GmbH.

Jura-Forum (2022):
Deutsches Datenschutzrecht.

Lindner, Ulrike (2011):
Eltern informieren, überzeugen und begeistern.
Kita-Projekte originell dokumentiert – Flyer, Einladungen und Aushänge – Präsentationen mit Aha-Effekt.
Mülheim an der Ruhr: Verlag an der Ruhr.
www.juraforum.de/lexikon/datenschutz
(abgerufen am: 16.05.2022)

Ministerium für Kultur, Jugend und Sport Baden-Württemberg (2019):
Datenschutz in Kindertageseinrichtungen zum Schutz des Kindes.
http://kindergaerten-bw.de/site/pbs-bw-new/get/documents/KULTUS.Dachmandant/KULTUS/Projekte/kindergaerten-bw/datenschutz/KM-KIGA_Datenschutz_DEUTSCH.pdf
(abgerufen am: 16.05.2022)

Neuß, Norbert (Herausgeber) (2021):
Kita digital.
Medienbildung – Kommunikation – Management.
Weinheim: Beltz Juventa.

Niedersächsisches Institut für frühkindliche Bildung und Entwicklung e. V. (2014):
Kindheitsforschung.
www.nifbe.de/component/themensammlung?view=item&id=225:kindheitsforschung&catid=33
(abgerufen am: 16.05.2022)

Niedersächsisches Institut für frühkindliche Bildung und Entwicklung e. V. (2018):
Datenschutz in Kitas.
www.nifbe.de/component/themensammlung?view=item&id=793:datenschutz-in-kitas&catid=83
(abgerufen am: 16.05.2022)

Redaktionsteam Don Bosco Medien (2014):
So geht das! Öffentlichkeitsarbeit in der Kita: Inkl. Downloadcode für Zusatzmaterial.
Ensdorf (Oberpfalz): Don Bosco Verlag.

Trenner, Nele und Klaus, Holger (2022):
Praxisbuch Datenschutz in der Kita.
Weinheim: Beltz Juventa.

Zweckverband Kindertagesstätten Heide-Umland (2017):
Datenschutz in Kindertageseinrichtungen.
www.datenschutzzentrum.de/uploads/kita/veroeffentlichungen/Broschuere_Datenschutz_ZV.pdf
(abgerufen am: 16.05.2022)